中国上市物业服务企业价值创新研究报告(2019)

复旦大学城市发展研究院
复旦大学中国城镇化研究中心 **编著**

复旦大学出版社

编写组

主　编：张　年

编写人员：赵永超　周　琦　贺小林　郭建勋

　　　　　陈飞龙　欧阳宇剑　赵泽宇

视觉设计：王桑琪

前言

近年来，我国物业服务行业发生了翻天覆地的变化。行业的集中度不断增加，物业服务的内涵被重新定义。国内物业服务企业跟随"一带一路"的脚步，参与到了海外市场。在国内，物业服务的发展呈现三个主要特点：一是资本力量助力物业企业并购，进一步提高行业集中度和规模效应；二是科技力量助力物业企业转变模式理念，进一步提高服务的科技感、安全感和舒适感，从而降低了成本和提高专业化水平；三是增值服务推动物业企业实现基础服务与专业服务并重发展的局面，进一步增加营业收入和提高服务满意度。以上特点都从不同侧面表明，我国的物业服务行业正经历着一个跨越式的发展，形成了从传统服务行业向现代服务行业转变、从高速度发展转向高质量发展的趋势。

本报告系统梳理了2018—2019年我国上市物业企业发展情况，分享其在经营绩效、市场价值、商业创新、技术创新、服务创新等方面的发展特点和趋势，多维度展现中国上市物业服务企业的价值重塑和创新发展。特别是在技术创新方面，2018—2019年我国物业行业经历了一个"互联网+"价值破灭的过程，技术的使用更多考虑的是数据价值和场景的可行性，值得全体物业人深思。我们相信，在"创新、协调、绿色、开放、共享"五大发展理念的指引下，物业服务行业在技术方面的创新科技含量将会更高，对技术供给方的要求也会更高，以优势互补打造科技含量更高的服务。

中国上市物业服务企业价值创新研究报告课题组

2019年8月

目录 CONTENT

报告篇

一、2019年中国上市物业服务企业发展研究报告 ... 2
 （一）中国现代物业服务创新价值指数 ... 2
 （二）经营绩效 ... 5
 （三）市场价值 ... 9
 （四）商业创新 ... 10
 （五）技术创新 ... 12
 （六）服务创新 ... 14

二、2018年中国现代物业服务业发展大事记 ... 15

研究篇

一、我国物业服务企业分拆上市面临的挑战 ... 18
 （一）2019年上市物业企业总体发展情况 ... 18
 （二）物业分拆的背景和必要性 ... 19
 （三）物业分拆过程中实际面临的挑战 ... 21
 （四）专家观点：上市物业收购成为企业上市的可行选择 ... 26

二、城市更新与我国的物业增值服务发展 ... 28
 （一）城市更新：硬件更新的同时，更需要软服务的提升 ... 28
 （二）城市更新中的物业服务角色定位 ... 29
 （三）城市更新中的物业服务案例分析 ... 30

三、从"物业服务"到"美好生活"，社区服务实现价值突破 ... 33
 （一）物业服务行业的发展符合政策导向 ... 33
 （二）现有社区服务的功能定位亟待扩展 ... 34
 （三）推动政策创新，打通"社区服务"与"美好生活"的阻隔 ... 35

四、长三角上市物业服务企业发展概况及区域服务一体化带来的挑战与机遇 ... 38
 （一）2018年长三角一体化上升到国家战略 ... 38

目录 CONTENT

　　（二）长三角上市物业服务公司发展现状　　42
　　（三）长三角代表上市物业公司案例分析　　42
　　（四）物业服务业一体化的问题瓶颈　　45
　　（五）长三角物业服务业一体化趋势带来的机遇　　46
五、2019年中国上市物业服务企业价值创新排名　　50
　　（一）中国最具综合竞争力上市物业服务企业十强　　50
　　（二）中国最佳经营绩效上市物业服务企业十强　　51
　　（三）中国最具市场价值上市物业服务企业十强　　52
　　（四）中国最具商业创新上市物业服务企业十强　　53
　　（五）中国最具技术创新上市物业服务企业十强　　54
　　（六）中国最具服务创新上市物业服务企业十强　　55

案例篇

一、复珺科技：让城市生活更智慧　　58
　　（一）AI指挥中心：3D可视化云平台实现大数据管理　　59
　　（二）AI物业：传统物业赋能专家　　60
　　（三）AI办公：传统办公全新变革　　63
　　（四）AI环卫：智慧物联助力垃圾分类　　64
　　（五）复珺科技愿景　　68
二、美力新：智能国际的建装引领者　　69
　　（一）公司简介和发展历程　　69
　　（二）国际标准与创新基因　　69
　　（三）公司管理与党建模范　　71
　　（四）公司发展愿景　　71
三、云梯：电梯场景价值的发掘者　　72
　　（一）公司简介与发展历程　　72
　　（二）行业痛点与产品创新　　72
　　（三）成功故事与代表案例　　73
　　（四）发展愿景与业务规划　　74

目录
CONTENT

四、亿投传媒：高品质生活推荐专家 ... 75
 （一）公司简介 ... 75
 （二）发展历程 ... 75
 （三）亿投价值：碎片化时代的精准营销 ... 75
 （四）亿投愿景：高品质生活方式推荐专家 ... 77

五、深兰科技及其在智慧物业方面的应用 ... 78
 （一）公司简介 ... 78
 （二）强大的研发能力 ... 78
 （三）深兰人工智能技术在物业方面的应用 ... 79

参考资料 ... 81
复旦大学中国城镇化研究中心简介 ... 84

报告篇

一、2019年中国上市物业服务企业发展研究报告

（一）中国现代物业服务创新价值指数

价值和创新是商业活动发展的主旋律，这在我国物业服务行业尤为显著。随着资本市场的进一步发展和新技术的普遍应用，价值创造和模式创新之间的关系更加密切：一方面，模式创新是提升商业价值的重要方式，一个可持续的创新模式可以加速企业商业价值的实现；另一方面，投资者对社区服务企业的价值实现的要求，推动着社区服务企业对自身商业价值的进一步挖掘，促进社区服务企业自身的经营模式转型升级。

课题组借鉴复旦大学城市发展研究院、复旦大学中国城镇化研究中心的研究成果，全面囊括主板市场、新三板市场及香港重要社区服务类公司，纳入本研究范围的公司需要满足如下条件：

（1）在业务板块上单独列出物业服务类业务，物业服务作为公司主要业务板块之一；

（2）对物业服务业务单独财务核算；

（3）严格按照各地证券监管机构，披露相应事项，保证数据的真实、连续。

中国现代物业服务价值创新指标体系涵盖五大维度21项评估指标。指标总体基于企业的价值创造和模式创新两大维度。在价值创造方面，主要表现在企业的经营绩效和市场价值；在模式创新方面，参考本课题组提出的社区服务商业创新模型（Community Service Innovation Business model, CSIB），从商业创新、技术创新和服务创新三个维度，对企业在物业服务业务方面的创新行为进行衡量。

在指标体系权重方面，课题组与行业内重要专家学者充分讨论，综合采用专家意见，集中体现行业内重要专家学者和行业领袖对于"价值创造"和"模式创新"的考量意见。

图1.1 社区服务企业模式创新与价值创造的关系

图1.2 中国现代物业服务价值指标体系

截至2019年5月30日，满足标准纳入中国现代物业服务创新价值评估范围的上市公司一共93家，比2018年度的104家减少11家。2019年度在新三板退市的物业服务企业达到21家，其中物业服务独立上市的企业有63家，占比达到67.7%。

图1.3 近年物业服务类上市公司数量（A股、新三板、港股）

2019年纳入中国现代物业服务评估范围的上市公司中,有54%在新三板上市,28%在A股上市,18%在港股上市。相比2018年,在港股上市的公司数量明显增多。

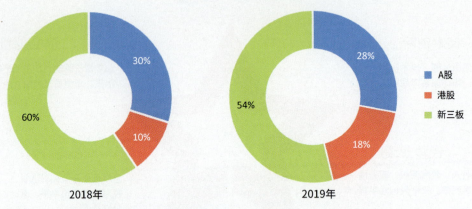

图1.4　2018—2019年度纳入评估范围的上市公司上市地点分布

从上市公司的地区分布看,广东省公司数量最多,为25家,占全部上市公司总数的26.9%,其次为北京市、浙江省和江苏省,分别为13家、8家和7家,分别占全部上市公司数的14.0%、8.6%和7.5%。从上市物业公司数量排名上看,2019年前四名与2018年保持一致,福建省、河南省排名下滑明显。

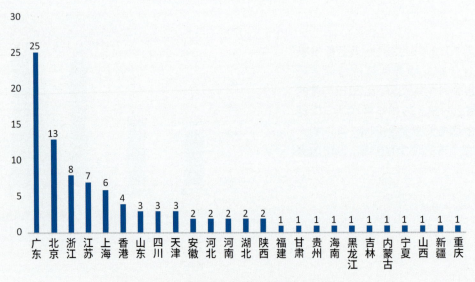

图1.5　2019年度纳入评估范围的上市公司注册地省份分布

（二）经营绩效

2019年度纳入评估范围的上市公司在2018财年总计完成物业服务类营业收入705.02亿元，相比2017财年的545.4亿元，增长29.27%；平均每家上市物业公司的收入达到7.58亿元，比2017财年增长44.6%。新城悦、碧桂园服务等重量级物业公司在港股上市，极大地提升了目前上市物业服务公司的总体规模和平均规模。

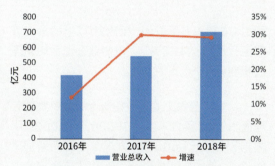

图1.6　2016—2018年上市物业服务公司营业总收入情况

图1.7　2016—2018年上市物业服务公司平均营业收入情况

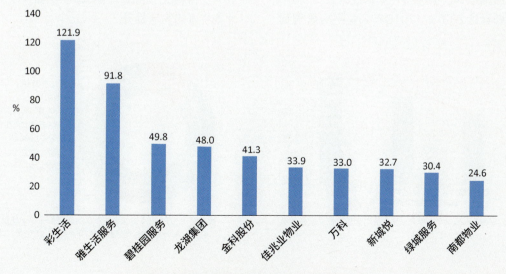

图1.8　2018年主要上市物业服务公司营业收入增速情况

从收入规模分布上看,10亿元以上的大型物业服务企业比例明显增多,从2017年的12%,上升到2018年的18%;5 000万元以下营业收入的比例明显减少,由2017年的16%缩减到2018年的不到10%。我国上市物业服务企业的公司质量明显改善。

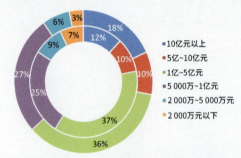

图1.9　2017—2018年中国上市物业服务公司营业收入分布对比(里圈:2017年;外圈:2018年)

从管理面积上看,2019年纳入评估范围的上市公司在2018年年底物业管理面积总计36.01亿平方米,相比2017年年底的29.27亿平方米增幅达23.0%;2018年公司平均管理面

图1.10　2016—2018年上市物业服务公司管理面积总规模情况

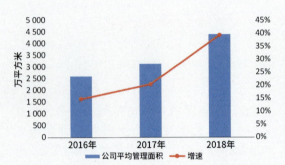

图1.11　2016—2018年上市物业服务公司平均管理面积情况

积为4 445.9万平方米,相比2017年的平均管理面积增幅达41.6%。上市物业公司平均管理面积突破4 000万平方米。

从规模分布上看,2018年上市公司物业管理面积在1亿平方米以上、1 000万~5 000万平方米和100万~500万平方米三个区间增加比例较多,其中1 000万~5 000万平方米的物业公司增加数量最多,中大型物业服务企业逐步成为上市物业服务公司主流,从侧面反映出行业集中度的快速提升。

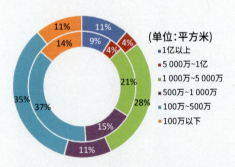

图1.12　2017—2018年中国上市物业服务公司管理面积分布对比(里圈:2017年;外圈:2018年)

从盈利水平上看，2019年纳入评估范围的上市公司其2018年平均毛利率为24.19%，相比2017年的25.11%略有下降，但总体仍保持在近年较高水平。

从盈利水平的分布来看，2018年毛利率在30%以上的公司比例有所缩小，由2017年的32%缩小到2018年的26%；毛利率在20%以下的公司占比提高，由2017年的38%扩大到2018年的44%，导致行业平均盈利水平下降。

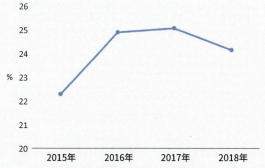

图1.13 近年中国上市物业服务公司毛利率水平变化

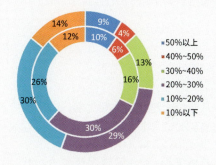

图1.14 2017—2018年中国上市物业服务公司毛利率水平分布对比（里圈：2017年；外圈：2018年）

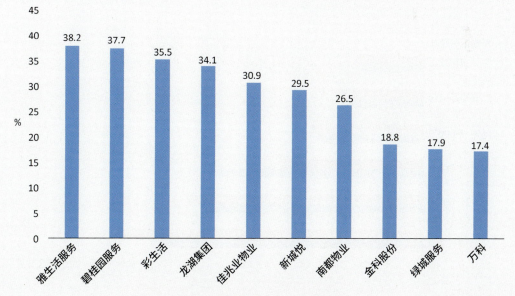

图1.15 主要上市物业服务公司毛利率水平

从单位面积营业利润看,2019年纳入评估范围的上市公司其2018年每平方米月均营业利润为3.09元,相比2018年的3.63元减少了0.54元,行业整体面临利润下降的压力。

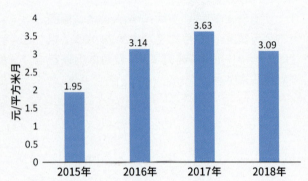

图1.16　2015—2018年上市物业服务公司单位面积月均营业利润情况

从单位面积员工数量上看,2019年纳入评估范围的上市公司其2018年每百万平方米需要员工数量为315.4人,相比2017年的339.2人继续呈下降趋势,行业整体人员成本继续压缩。

总体来看,物业管理规模越大,单位面积所需要的员工数量就越少。对比2017年,2018年各个管理规模区间的上市物业企业每百万平方米需要的员工数量都所有下降,其中100万平方米以下的中小物业员工需求量下降了15%。500万~1 000万平方米管理规模的物业公司对员工的需求量反而大幅提高了48%,成为吸纳物业服务劳动力的主力。

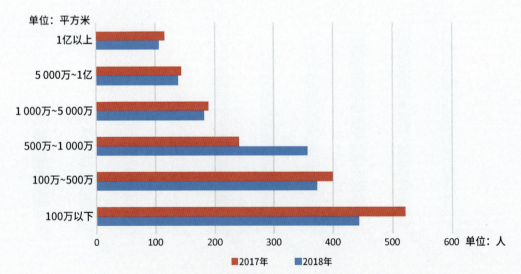

图1.17　2017—2018年不同物业管理面积的规模效应对比

（三）市场价值

截至2018年12月31日，剔除极端值后，纳入评估范围的上市物业服务公司市值总计7 534.0亿元，相比2017年下降14.6%。下降的原因一方面是由于2018年度退市和不再挂牌企业数量较多，另一方面与2018年整体资本市场大幅下挫有关。上市物业服务公司的市场表现仍好于同期沪深300指数和上证指数。2018年上市物业服务企业总市值下降14.6%，同期沪深300下降25.3%，上证指数下降24.6%。

14.2倍（动态市盈率，截至2018年年底），相比2017年的13.9倍略有提高，但仍未恢复到2016年的估值高点。其中，南都物业是A股独立上市物业服务公司中估值最高的企业，达到24.9倍，浦江中国是港股上市物业服务公司中估值最高的企业，达到37.8倍。总体而言，目前我国资本市场对物业服务公司的估值偏理性。

图1.19　2017—2018年上市物业服务企业估值对比表现

图1.18　2017—2018年上市物业服务企业市场表现情况对比

2018年中国物业服务类上市公司市值平均下降4.15%（算术平均），其中涨幅最大的上市物业服务企业是华仁物业，受拟被雅生活服务收购影响，公司年度市值涨幅高达186%。

剔除极端值后，2019年纳入评估范围的物业服务类上市公司其2018年平均估值为

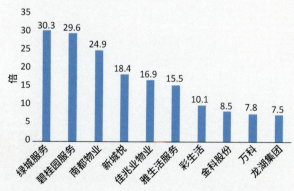

图1.20　2018年主要上市物业服务企业估值对比表现（截至2018年年底，动态市盈率）

（四）商业创新

企业的商业创新模式有多种类型，很难就其商业模式类型进行分类，但是所有商业模式创新都可以从其创新结果上进行衡量：一是是否转变了企业的增长模式，二是是否使企业经营质量得到提升。

（1）企业规模增长的模式： 按照"自然增长—企业并购—企业联盟—系统平台—生态圈—资源共享"等一系列由低到高的模式，对物业服务公司当年的企业增长模式进行分类。

（2）企业质量提升的模式： 反映到单位投入产出效率，根据物业服务业特点，选择"单位投入产值"（ROE）与"单位员工产值"（ROEM）两个指标。

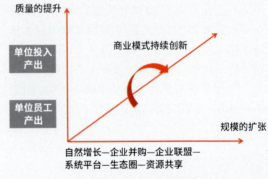

图1.21　物业服务公司商业模式创新示意

2018年，纳入评估范围的物业服务类上市公司，其增长模式大多还处于自然增长型扩张的水平，达到68%。这一比例相比2017年增长了7个百分点。然而，采取生态平台型扩张的物业企业占比下降了8个百分点，这说明物业运营企业开始对这一模式采取谨慎的态度。

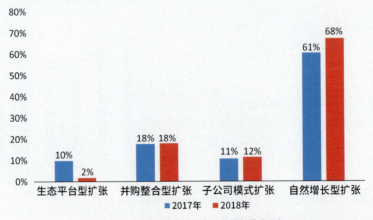

图1.22　2018年上市物业服务公司增长模式分布

与此同时，2018年采取收购并购进行扩张的物业公司与2017年持平，我国物业服务行业的收购并购持续活跃。

表1.1 2018—2019年度上市物业公司收购并购案例

上市公司名称	2018年—2019年5月上市物业服务公司收购并购案例
彩生活	2018年2月，以20多亿元收购万象美物业管理业务。
碧桂园服务	2018年11月，以约6.83亿元的价格，收购成都清华逸家、南昌市洁佳等5家物业管理公司股权。
雅生活服务	2018年7月，以人民币1.479亿元收购兰州城关物业服务集团有限公司51%股权；2019年1月，以1.34亿元收购青岛华仁物业89.7%股份；2019年3月，以1.95亿元收购广州粤华物业有限公司51%股权。
乐生活	2018年8月，以785万元收购秦皇岛修多物业80%股权。
绿城服务	2018年12月，以27亿元收购百年人寿部分股权；2019年3月，绿城服务附属Greentown Education拟以6 720.4万澳元收购早幼教育机构Montessori Academy Group Holdings Pty Ltd（目标公司）56%股权。
南都物业	2018年6月，以1亿元收购江苏金枫物业服务有限责任公司70%股权。

2019年纳入评估范围的物业服务类上市公司其2018财年平均ROE为16.8%，与2017财年持平，行业整体ROE水平没能继续保持增长。其中，奥园健康ROE水平最高，为62.2%；其次是美的物业，为49.2%。

2019年纳入评估范围的上市物业服务公司其2018年单位员工产值为26.76万元，相比2017年的23.85万元人均提高了2.91万元。通过模式创新和技术创新，上市物业服务公司的劳动生产率水平持续提高。

（五）技术创新

2019年物业服务公司对技术应用方面的战略出现了明显的两极化。2019年，采取"智慧社区战略"和"技术颠覆性战略"的上市物业服务公司占比合计为13%，超过2018年2个百分点。"技术融合性战略"和"技术导入性战略"的上市物业服务公司比例大幅下降，从2018年的38%下降到2019年22%。"一般技术性战略"的上市物业服务公司占比大幅上升，达到29%。这一变化充分说明随着物业服务行业整体盈利水平的下降，相关物业服务公司对技术方面的投入重视程度出现了下降，仅有物业服务巨头仍旧持续对技术创新进行投入。

从目前上市物业服务公司采取的技术应用水平来看，相比于2018年，智慧社区技术应用比例变化不大，但推广O2O（线上到线下）技术的物业服务企业比例大幅度缩减，从2018年的23%缩减到2019年的13%，侧面说明前几年火热的O2O概念已有褪去之势。值得关注的是，2019年各物业服务公司十分关注对业主数据的获取和沟通，即业主数据交互这一比例从2018年的8%大幅上升到2019年的19%。技术应用的重点开始出现从"搭建平台"到"数据驱动"的趋势。

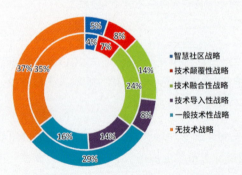

图1.23 2018—2019年上市物业服务公司技术战略变化对比（里圈：2018年；外圈：2019年）

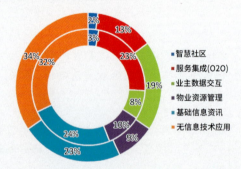

图1.24 2018—2019年上市物业服务公司的技术应用分布（里圈：2018年；外圈：2019年）

2019年，有26家上市物业服务公司开发并实质运营APP，这一数量比2018年的32家下降了6家。2018年全年上市物业服务公司的APP累计下载量达到6 712万次，远超2017年的3 089万次，目前上市物业服务公司的APP运营质量明显提高。APP对物业服务公司的盈利水平提升仍具有现实意义。2018年有APP的公司毛利率水平比无APP的公司毛利率水平提高近6个百分点。相比2017年，有APP和无APP的上市物业服务公司毛利率水平均有下降，但无APP的物业服务公司毛利率水平下降幅度更大。

2018年，纳入评估范围的上市公司APP下载量排名前十名情况见表1.2。

表1.2　2018年上市物业服务公司APP年度累计下载量排名
（数据来源：ASO100）

APP名称	2018年累计下载量（万次）
住这儿	2 116.3
千丁	812.7
凤凰会	636.0
彩生活	461.7
享家社区	234.5
雅管家	209.3
寻常生活	201.1
幸福绿城	200.0
新橙社	173.9
爱到家	129.0

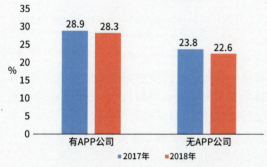

图1.25　APP对提升公司盈利水平的意义

（六）服务创新

经过2018—2019年一轮物业服务企业的退市和上市，目前上市物业服务公司普遍重视增值服务，不重视物业增值服务的企业数量大幅减少，由2018年的52%大幅下降到2019年的29%。增值服务成为扭转传统物业服务毛利率下降的重要武器。

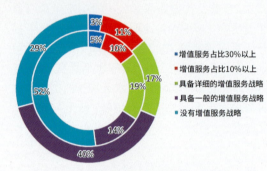

图1.26　2018—2019年上市物业服务公司增值服务战略情况分布对比（里圈：2018年；外圈：2019年）

在增值服务内容方面，截至2018年年底，我国上市物业服务企业共提供18项物业增值服务，其中社区商业服务、社区家政服务和物业租赁服务是开展数量最多的服务类型，占全部增值服务数量的23.8%、15.8%和13.2%。对比2017年来看，社区家政、物业租赁、社区教育、社区养老、旅游咨询等服务占比提高较大，我国物业增值服务的内容结构更加合理，愈加重视直接对业务的"硬服务"方面，这一点值得重点关注。

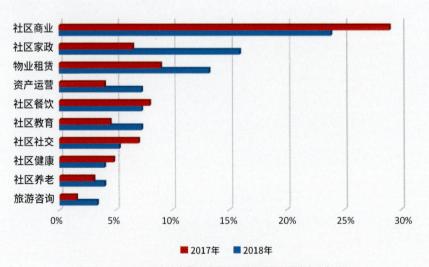

图1.27　2017—2018年上市物业服务公司增值服务主要内容分布对比

二、
2018年中国现代物业服务业发展大事记

2018年中国现代物业服务业发展大事见表1.3。

表1.3 2018年中国现代物业服务业发展大事记

时间	事件	概况
1月	国内首单社区商业物业REITs（房地产信托投资基金）——新建元一邻里中心REITs成功发行	新建元一邻里中心REITs是国内首单以"社区商业物业"为底层资产的REITs产品，兼具商业地产属性和社区服务属性。本单产品由东吴证券担任计划管理人和主承销商，苏州新建元控股集团有限公司作为原始权益人，苏州元联投资基金管理有限公司担任基金管理人，以分布在苏州工业园区各区域生活圈核心、住宅区中央地带的10处邻里中心为底层资产。
2月	彩生活正式通过20.12亿元收购并表原万达物业议案	彩生活2月28日发布公告，宣布正式通过以20.12亿元人民币向大股东花样年控股集团有限公司收购深圳市万象100%受益权以及万象美（原万达物业管理有限公司）100%股权的决议案。
3月	腾讯推出"腾讯海纳"智慧社区美好生活一站式解决方案	腾讯互联网+事业部推出了"互联网+社区"一站式解决方案——"腾讯海纳"：针对社区管理中的种种问题，用云计算、大数据、人工智能等技术连接物业、居民、政府、媒体和社区服务提供方，打造的智慧社区的健康生态平台。
4月	2018中国（上海）国际物业管理高峰论坛召开	展品范围涵盖物业管理公司、智慧社区O2O、智慧停车系统及设备、智能安防、智能家居、自助服务设施、物业制服、环境绿化维护、社区与商业场所娱乐设施、节能解决方案、清洁及室内环境类产品等多个板块。
5月	横琴新区同万科物业推出的全国首个"物业城市"落地	珠海大横琴投资有限公司与物业发展股份有限公司正式签署战略合作框架协议，双方将以珠海大横琴城市公共资源经营管理有限公司为合作载体进行"混改"，推动"物业城市"管理理念落地。
6月	碧桂园服务正式登陆港交所	6月19日，碧桂园服务正式在港交所主板挂牌上市。其开市价格录得每股10港元，总市值最高达到250亿港元，上市首日超越绿城服务和雅生活，跻身港股物业服务市值榜首。
6月	重庆计划打造50个"智慧小区"	重庆市城乡建设委相关负责人称，2018年重庆将打造50个"智慧小区"，其中主城各区打造2个以上"智慧小区"，非主城区各区县打造1个以上"智慧小区"。到2020年，更多"智慧小区"将出现在居民的日常生活中。例如，两江新区争取2020年新建住宅小区一半以上达到或者接近"智慧小区"建设标准。
10月	《中国上市物业服务企业价值创新研究报告（2018）》发布	10月24日上午，由复旦大学城市发展研究院、复旦大学中国城镇化研究中心主办，复珺科技、无限城市承办的"物业赋能与美好生活"新闻发布会在上海隆重举行！发布会上，发布了"中国物业服务价值创新指数"和《中国上市物业服务企业价值创新研究报告（2018）》。
12月	广州市物业管理行业协会与广州产权交易所签署战略合作协议，构建物业服务企业产权交易平台	2018年12月27日上午，广州市物业管理行业协会与广州产权交易所战略合作协议签署仪式在广州成功举行。双方的携手，旨在发挥广交所的资源集聚、信息辐射、国有第三方的平台功能，依托广州物协的专业服务水平、会员基础、协会管理优势，聚集专业服务，整合优势资源，共同构建"物业服务企业产权交易市场"。
12月	长三角物业行业联动发展座谈会在沪召开	为推动长三角区域物业行业的联动发展，上海市物业管理行业协会于12月19—20日，邀请长三角三省一市16个城市的物业管理行业协会在上海金山区枫泾镇长三角路演中心，召开长三角物业行业联动发展座谈会。其间，上海和南京物业协会就文物业人才培养战略合作协议达成共识，并举行了签约仪式。会议发出了联动发展倡议书：倡导长三角区域的三省一市物业管理行业协会：主动开放协作，实现资源共享；创新协作模式，形成联动机制；加强服务管理，提升服务品质。

研究篇

一、我国物业服务企业分拆上市面临的挑战

（一）2019年上市物业企业总体发展情况

截至2019年5月，共有12家物业公司于香港上市，2018年便有雅生活服务、碧桂园服务、新城悦、佳兆业物业、永升生活服务5家上市。2018年上市的几家物业服务公司中，碧桂园服务和雅生活服务市值分别位居10家公司中的第一和第三，归属母公司股东的净利润位居前两名，总体实力位居前列。此外，2018年2月1日，A股市场也迎来了物业行业首支股票——南都物业。南都物业上市申报历程长达一年半：2016年6月，报送首次公开发行股票招股说明书申报稿；2017年7月，更新招股说明书申报稿再次报送；2017年8月，证监会下达首次公开发行股票申请文件反馈意见；2017年10月，第三次报送申报稿；2017年12月，成功过会。

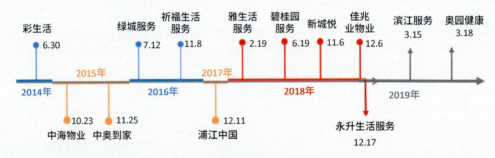

图2.1 主要港股物业公司上市时间表

资料来源：Wind

表2.1 港股物业公司市值及经营情况

证券代码	证券简称	上市日期	总市值（亿元）	2018年营业收入（亿元）	2018年归属母公司股东的净利润（亿元）
3662.HK	奥园健康	2019/3/18	27.41	6.19	0.78
3316.HK	滨江服务	2019/3/15	17.05	5.09	0.70
1995.HK	永升生活服务	2018/12/17	23.39	10.76	1.01
2168.HK	佳兆业物业	2018/12/6	9.11	8.96	0.54
1755.HK	新城悦	2018/11/6	27.66	11.50	1.50
6098.HK	碧桂园服务	2018/6/19	272.50	46.75	9.23
3319.HK	雅生活服务	2018/2/9	124.07	33.77	8.01

(续表)

证券代码	证券简称	上市日期	总市值（亿元）	2018年营业收入（亿元）	2018年归属母公司股东的净利润（亿元）
1417.HK	浦江中国	2017/12/11	9.58	3.92	0.25
3686.HK	祈福生活服务	2016/11/8	4.89	3.42	0.73
2869.HK	绿城服务	2016/7/12	146.03	67.10	4.83
1538.HK	中奥到家	2015/11/25	4.62	10.23	0.96
2669.HK	中海物业	2015/10/23	65.95	41.55	4.02
1778.HK	彩生活	2014/6/30	48.78	36.14	4.85

资料来源：Wind。注：除奥园健康、滨江服务总市值截止日期为2019年4月30日外，其余企业总市值截止日期为2018年12月31日

（二）物业分拆的背景和必要性

在房地产行业进入存量时代的背景下，庞大的存量房市场为物业管理发展提供了盈利点。随着房地产投资增速回落、房地产销售额下降，中国的房地产行业增速逐步放缓，从黄金时代正步入白银时代。为顺利适应新环境、实现转型，各大房地产商将聚焦点放在了周期性较弱的物业行业，相继分拆自身的物业业务、独立上市，以占得先机，如碧桂园服务、绿城服务等。目前我国物业行业集中度较低，但市场份额正向龙头企业聚集，物业管理行业竞争日益激烈。

物管分拆是后房地产时代的大趋势。未来房地产公司主要盈利点将逐步从传统主业转向为现有存量市场的住户提供增量服务。但是，由于物业管理长期以来以服务房地产销售为主要目标，存在成本控制力弱、管理费用收取率低、房屋空置率高、管理体系缺乏等问题，行业盈利能力弱，物业管理业务需要更加市场化的商业运作机制来推动行业的整体发展，而物业分拆有利于物业行业市场化。

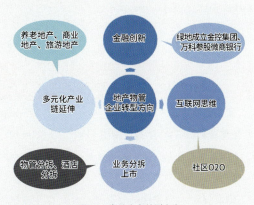

图2.2 房地产商转型方向

资料来源：聚桐

自2015年中国海外发展（0688.HK）分拆并于香港独立上市了旗下物业管理公司——中海物业（2669.HK）后，房企巨头拆分物业公司并于香港独立上市已成为一种风潮。实际上，物业管理公司上市最早可追溯至2014年彩生活（1778.HK）的IPO（首次公开募股），彩生活分拆自在港股上市的花样年控股（1777.HK），当时曾被称为内地物业管理公司分拆上市第一股。物业分拆之后，物业公司成为独立的上市公司，大部分上市房企仍然会保留控制权。目前上市物业公司中有5家公司房企仍为大股东，持股占比超50%。

除在港股上市之外，还有一部分房企将物业公司分拆到新三板挂牌，如保利集团的保利物业发展、蓝光发展旗下的嘉宝股份等。

表2.2 从房企中分拆并上市的物业公司一览

物业公司	营业收入（亿元）	关联房企	关联房企营收（亿元）	关联房企土储建面（万平方米）
奥园健康	6.19	中国奥园	310.06	3 410
碧桂园服务	46.75	碧桂园	3 790.79	18 200
佳兆业物业	8.96	佳兆业集团	387.05	2 400
新城悦	11.5	新城控股	541.33	1 812
永升生活服务	10.76	旭辉控股集团	423.68	3 390
雅生活服务	33.77	雅居乐集团	561.45	3 623
彩生活	36.14	花样年控股集团	139.86	2 200
绿城服务	67.1	绿城中国	603.30	3 247
中海物业	41.55	中国海外发展	1 502.34	7 000

资料来源：Wind。注：营业收入为2018年度

表2.3 分拆前后控股股东持股情况

物业公司	控股股东	上市前股东持股比（%）	上市后股东持股比（%）	关联房企
奥园健康	中国奥园	75.50	54.60	中国奥园
佳兆业物业	佳兆业集团	98.60	73.95	佳兆业集团
新城悦	新城控股	70.00	73.17	新城控股
雅生活服务	雅居乐集团	100.00	53.46	雅居乐集团
中海物业	中国海外发展	100.00	56.02	中国海外发展

资料来源：Wind

（三）物业分拆过程中实际面临的挑战

上市可为资金来源较窄的企业带来优质融资渠道，多数企业选择在香港上市。由于内地IPO对利润、营收规模、关联交易比重等多个方面要求较高，同时还要注意公司分拆问题以及业务、人员架构、内控规范等，然而，物业公司在港交所上市仅需要在上市前3年利润总额合计达到5 000万港元，上市时预期市值须达到1亿港元（在主板上市须达2亿港元），故上市要求相对简单，融资渠道丰富，上市速度更快，物业公司众多、已形成板块效应，使得众多物业公司选择在香港上市。

表2.4 内地A股及香港H股上市条件比较

比较事项	内地A股主板上市	香港H股主板上市		
		盈利预测	市值/收益/现金流量测试	市值收益测试
最低市值	无具体规定，但要求发行前股本总额不低于3 000万元	至少为2亿港元	上市市值至少为20亿港元	上市时预期市值不得低于40亿港元
业务收入	最近3个会计年度累计超过人民币3亿元	无具体规定	最近1个经审计财政年度至少为5亿港元	最近1个财政年度至少为5亿港元
盈利要求	最近3个会计年度净利润均为正且累计超过人民币3 000万元，净利润以扣除非经常性损益前后较低者为计算依据，最近一期末不存在为弥补亏损	扣除非日常业务损益的净利润后最近1年不低于2 000万港元，前2年累计不低于3 000万港元	—	—
现金流量	最近3个会计年度经营活动产生的现金流量净额累计超过人民币5 000万元，与前述业务收入指标符合其中一项即可	—	前3个财政年度来自营运业务的现金流入合计至少为1亿港元	—
主体资格	已经设立的股份有限公司，经国务院批准，有限责任公司在依法变更为股份有限公司时，可以采取募集设立方式公开发行股票	已经设立的股份有限公司		
营业记录	持续经营时间应当在3年以上，但经国务院批准的除外；有限责任公司按原账面净资产值折股整体变更为股份有限公司的，持续经营时间可以从有限责任公司成立之日起计算	有连续3年的经营记录，若能证明公司管理层至少有3年所属业务和行业经验，且管理层及拥有权最近1年持续不变，则可以豁免3年业绩		

（续表）

比较事项	内地A股主板上市	香港H股主板上市		
		盈利预测	市值/收益/现金流量测试	市值收益测试
管理层稳定	最近3年内主营业务和董事、高级管理人员没有发生重大变化，实际控制人没有发生变更	至少前3个会计年度维持不变		
公司注册地	中国内地	中国内地		
其他因素	对公司主体资格、独立性、规范运行、募集资金投向等提出了具体要求，该等要求集中体现在《首次公开发行股票并上市管理办法》等文件中	对与在港上市的有关的人员配备提出了具体的要求		
公司治理	依法建立健全的股东大会、董事会、监事会、独立董事、董事会秘书制度，相关机构和人员能够依法履行职责 发行人的董事、监事和高级管理人员已经了解与股票发行上市有关的法律法规，知悉上市公司及其董事、监事和高级管理人员的法定义务和责任 董事会秘书和独立董事须取得交易所认定的任职资格（可在上市后的限期内取得） 独立董事在董事会成员中须占1/3以上，其中至少包括1名会计专业人士；职工代表监事须在监事会成员中占1/3以上	对董事会要求：新修改的《上市规则》要求上市发行人的董事会有至少3名独立非执行董事，其中至少1人为财务专家，至少2名执行董事应居住在香港（可申请豁免） 对管理层要求：由公司总经理、副总经理、财务负责人、技术负责人等组成，依中国《公司法》及其他有关法律法规建立；独立的财务核算体系，能够独立作出财务决策，具有规范的财务会计制度和对分公司、子公司的财务管理制度；不得与控股股东、实际控制人及其控制的其他企业共用银行账户 对董事会秘书/公司秘书要求：上市公司应依香港《上市规则》的要求设立1名公司秘书。对于H股发行人，该公司秘书可以不必是香港居民，但必须拥有履行公司秘书职责所需的知识及经验，并且属于香港公司秘书工会会员、律师或大律师或专业会计师，或联交所认为在学术或专业资格或有关经验方面，足以履行该职务的人士；公司秘书可以聘用兼职工作人员		
同业竞争	禁止	披露除外业务（竞争业务）不纳入的理由、具体情况，发行人业务独立性，以及除外业务将来是否纳入发行人		
最低公众持股数量	公司总股本不少于人民币3 000万元 向社会公开发行股份公司股份总数25%以上；公司股本总额超过4亿元的，其向社会公开发行的股份的比例为10%以上	市值在5 000万~100亿港元的，公众持有股数至少为25% 市值在100亿港元以上的，联交所可酌情接纳介乎15%至25%之间的一个较低的百分比 若发行人拥有超过一种类别的证券，其上市时由公众人士持有的证券总数必须占发行人已发行股本总额的至少25%；但正申请上市的证券类别占发行人已发行股本总额的百分比不得少于15%，市值不得少于5 000万港元 按照"盈利和市值要求"第1、2条申请上市的发行人公司股东人数至少300名；按照"盈利和市值要求"第3条申请上市的发行人公司股东人数至少1 000名 公众持股数量最高的3名股东拥有的百分比不得超过50%		

（续表）

比较事项	内地A股主板上市	香港H股主板上市		
		盈利预测	市值/收益/现金流量测试	市值收益测试
上市信息披露规定	招股说明书引用的经审计的最近一期财务会计资料在财务报告截止日后6个月内有效，特别情况下可延长不超过1个月	申报会计师报告的最后一个会计期间的结算日期距上市文件刊发日期不得超过6个月		
国有股减持	暂不要求履行国有股减持义务	按融资额的10%出售国有股上缴全国社保基金理事会或将等额股份转给全国社保基金理事会		
定价方式	采用对境内合格机构投资者的询价制度，通过初步询价确定发行价格区间，并通过累计投标询价确定发行价格；平均估值水平比H股高	遵循市场化原则，根据簿记建档情况，由发行人和主承销协商确定		
股权激励机制的实行	中国证监会颁布了股权激励的相关规定，上市公司可以实施股权激励 上市公司股权激励计划所涉及的标的股票总数累计不得超过公司股本总额的10%；非经股东大会特别决议批准，任何一名激励对象通过股权激励计划获授的本公司股票累计不得超过公司股本总额的1%	在H股上市的大型国企中已有不少采取股权激励计划，如股票增值权计划		
后续发行	可以采用公开增发、非公开发行、配股、普通可转债、分离交易可转债等方式，需要股东大会批准和中国证监会核准，分离交易可转债的募集资金投向，涉及宏观调控行业等增发的募集资金投向需要获得发改委会签意见	大多采用定向增发方式，通常在年度股东大会获得"一般授权"，并通过"闪电式配售"的方式完成发行		
投资者群体	主要为国内机构、QFII（合格境外机构投资者）、散户投资者	面对全球机构投资者和香港散户		
上市费用	较低	较高		

资料来源：上海证券交易所

此外，近期设立科创板并试点注册制是提升服务科技创新企业能力、增强市场包容性、强化市场功能的一项资本市场重大改革举措。以下领域公司可在科创板申请上市：（1）新一代信息技术，主要包括集成电路、人工智能、云计算、大数据、物联网等；（2）高端装备制造和新材料，主要包括高端轨道交通、海洋工程、高端数控机床、机器人及新材料；（3）新能源及节能环保,主要包括新能源、新能源汽车、先进节能环保技术;(4)生物医药,主要包括生物医药和医疗器械;(5)技术服务,主要指为上述四大领域提供技术服务的企业。由于物业管理行业不属于科创板目标领域,因此短期内物业行业公司将主要在内地主板及香港地区进行IPO。

表2.5 科创板上市条件

事项	具 体 内 容
市值指标	上交所公布首次公开发行股票5套市值指标: (1)预计市值不低于人民币10亿元,最近2年净利润均为正且累计净利润不低于人民币5 000万元,或者预计市值不低于人民币10亿元,最近1年净利润为正且营业收入不低于人民币1亿元 (2)预计市值不低于人民币15亿元,最近1年营业收入不低于人民币2亿元,且最近3年研发投入合计占最近3年营业收入的比例不低于15% (3)预计市值不低于人民币20亿元,最近1年营业收入不低于人民币3亿元,且最近3年经营活动产生的现金流量净额累计不低于人民币1亿元 (4)预计市值不低于人民币30亿元,且最近1年营业收入不低于人民币3亿元 (5)预计市值不低于人民币40亿元,主要业务或产品须经国家有关部门批准

资料来源:金融界

物业公司分拆上市面临经营压力与挑战。目前物业公司分拆上市面临以下挑战:

(1)投资者对物业资产和服务价值的质疑。由于物业行业在社会产业链中处于中下层,如何让市场看到物业行业中企业的价值是一个难点。只有未来发展前景良好、在行业中为龙头或具有发展潜力、财务能力优秀的企业才能较容易利用资本市场进行低成本融资以支撑实体经营。当前物业管理行业最具有吸引力的业务领域为社区O2O,虽然已上市的几家港股物业服务公司已开始联手互联网进行社区O2O创新以吸引投资者,但该业务领域的总体表现未达预期。

(2)投资者对物业服务企业盈利持续性的质疑。物业管理作为传统劳动密集型产业,人工成本刚性增长及投资回收周期长使得其盈利能力难以迅速提升。此外,物业管理行业竞争门槛低、同质化服务竞争激烈使得无大型地产公司背景的物业服务公司难以拓展外部市场。由于港股市场以价值投资为主导,部分投资者看重企业业务盈利能力、新楼盘获取能力、新业务创新能力,物业管理企业盈利难以提升成为制约公司在资本市场表现的重要因素。

(3)投资者对如何在低成本下提供高质量服务的质疑。由于物业公司分拆上市后为追求利润会加强成本管控,但可能对服务质量造成影响。随着人们对美好生活向往的日益强烈,物业服务企业纷纷开展物业增值服务业务。2018年之前,物业行业普遍认为可以通过O2O平台或高密度的技术投入实现低成本下的高品质服务,但从2018—2019年的整体情况看,这一想法开始受到普遍质疑,高技术投入并未带来行业整体服务质量和盈利水平的增长,各大物业服务企业开始更加注重新技术对各类数据的挖掘和整合。

(4)投资者对物业企业服务规模性扩张能力的质疑。自有社区是万科等大型房企的一大优势,大型房企可通过自有社区资源来挖掘社区O2O价值。但是，这类服务可否通过流程标准化实现服务水平的大规模扩张，这一点长期受到投资者的疑问。物业服务的复制扩张受到不同地域习惯、城市治理水平、业委会管理模式等不同因素制约，使得同一品牌的物业服务未必在非自有物业完全落地。如果客户体验不佳影响到物业服务的品牌口碑，将对物业价值和品牌溢价带来较大风险。

（5）**投资者对物业服务公司增长模式过度依赖母公司的质疑**。物业行业发展时间较短、品牌化企业少使得上市公司存在高收入低毛利率、对母公司过度依赖的问题。以雅居乐旗下的雅生活服务为例，雅生活仍依靠母公司雅居乐。雅生活2018年年报显示，其在管总建筑面积为1.38亿平方米，其中雅居乐集团占比34.9%，第三方开发商占比40.4%，收并购占比21.3%，绿地控股占比3.4%。此外，雅生活的物业管理服务也存在高收入、低毛利率的问题。雅生活2018年毛利率为38.2%。在雅生活的营业收入中，物业管理服务收入占比在48.1%。在物业管理服务、业主增值服务和非业主增值服务三项收入中，物业管理服务的毛利率是最低的，2018年为27.4%，远低于业主增值服务的50.9%和非业主增值服务的47.7%。

图2.3 雅生活物业管理服务收入占营收比例

资料来源：公司公告

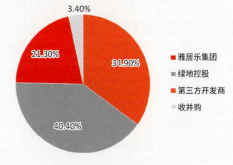

图2.4 雅生活在管总建筑面积来源

资料来源：公司公告

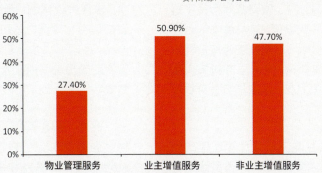

图2.5 雅生活各项收入毛利率

资料来源：公司公告

（四）专家观点：上市物业收购成为企业上市的可行选择

由于物业分拆上市面临上述诸多难题，对于广大中小物业企业来说，选择上市或分拆上市并不是一种最经济的选择，而选择接受已上市物业公司的收购却是较可行的一种上市方案。在这方面，来自上海市锦天城律师事务所的宋安成律师有着较多的实操感受。宋安成律师团队提供专业物业企业法律服务长达15年，是物业法律服务方面最全面、最专业的律师团队之一。目前，这一团队提供的法律服务包括企业上市、收购并购、法律风险评估、物业管理企业内部风险控制等业务，特别是在物业企业收购并购方面，近年积累了大量实操经验。

宋安成律师认为，相比于直接分拆上市，中小型物业企业接受收购不失为一个快速实现资产上市的良好选择，从法律方面来看，可以解决中小物业公司如下四个痛点：

一是迅速融入大型物业管理企业，较快提升物业标准化管理水平。宋安成律师经手过大量万科物业收购并购案例，这些被收购企业通过股权交换、现金收购、项目整合等多种方式，实现自身资产证券化，完成与万科等大型物业管理企业的资源对接，迅速提高自身物业管理水平。

二是通过收购并购完成自身管理模式升级和企业管理改革。宋律师认为，很多企业的收购并购不单单涉及资产整合的层面，还涉及有关股权激励、员工持股、战略投资者引入等，一次性解决中小物业企业发展机制和潜力平台的问题。例如，在碧桂园收购某物业管理公司案例中，被收购方顺便实施股权激励方案，使得公司业绩效果提升显著。

三是通过不同类型物业企业的收购并购，进一步挖掘自身资产潜在价值。物业公司收购并购不意味着仅对物业公司进行收购，随着物业公司开展增值服务需要的提高，有时还要不断加大对技术公司、设备公司的收购。例如，在宋律师经办的红星美凯龙收购西湖喷泉设备公司的案例中，双方通过整合核心资产，扩大了西湖喷泉设备的市场潜在空间，相关技术得到了最大化利用，取得了双赢的效果。

四是推动基于收购并购的资产证券化方案。在现有金融创新趋势下，简单的收购并购有时已不足以匹配公司资金需求，需要创新性地设计有关金融产品，以实现市场化的收购整合。宋律师以保利、雅生活、世茂物业管理费资产证券化为例，说明通过创新的结构化金融产品，可以解决物业资产的资本融通，既保留了物业管理公司的正常经营，又满足了其资金需求。

此外，宋律师也认为，虽然物业收购并购相对直接上市较为快捷方便，但很多潜在法律风险需要深入研究和调查。宋律师团队先后完成了《商业地产法律实务》《物业管理运作与法律风险防范》《房地产开发企业运作法律实务》《业主权利疑难对策》等重要实务性著作，已经形成了较为完备的物业法律服务体系。

就行业发展而言，宋律师一直认为，行业发展迎来了"透明化"时代，物业管理公司从"包干制"到"酬金制"不可避免，"打闷包"的收购服务模式一定会退出历史舞台。物业服务企业一定要敢于挑战自我，于管理模式上进行创新，在做好传统服务的同时，要在多种经营服务、拥抱互联网方面大胆作为，将物业管理服务从仅限于公共服务深入到为业主的个性化服务、量身定制上来，真正成为业主生活服务配套商。

从中外物业管理比较来看，就住宅物业而言，中国大陆是世界上独一无二"围墙里的大型物业管理"，而非居住物业基本也实行物业服务"大而全"的总包服务。前者在业主自治意识提高的情况下，物业管理公司管理模式日益受到冲击，遍地而起的业主自治模式就是例证；后者在保安、保洁、维修专业公司日益兴起，且形成市场的情况下也会受到前所未有的挑战，物业公司必须在资产管理和多经服务上有所突破。

最后，宋律师认为，不管物业管理模式如何变幻，这个服务市场是客观存在的，关键是物业企业如何利用目前已有的管理地位优势，牢牢地掌握主动权，去迎接市场需求，探索出一条自身发展的有效路径。

宋安成律师简介：

上海市锦天城律师事务所律师、上海仲裁委员会仲裁员、上海市政府采购评标专家、国家二级建造师、国家物业管理师、中国人民大学律师学院客座教授、中华全国律师协会建房委委员、上海市律师协会房地产法律委员会专业委员、上海市物业管理行业协会法律顾问、《住宅与房地产》《上海物业管理》特约撰稿人。

二、城市更新与我国的物业增值服务发展

（一）城市更新：硬件更新的同时，更需要软服务的提升

1. 城市更新的发展历程

城市要焕发活力，需要持续不断地更新。中国的城市更新，是一个循序渐进的过程。

（1）推倒式重建，旧城改造为主。 1980—1990年，是中国城市更新的第一阶段——推倒式重建。改革开放以后，各地进行了大规模的旧城改造，基本上采取的是"拆一建多"方式。这种方式虽然使得旧城变新城，居住环境空间得到改善，但也产生了城市特色消失、千城一面等大量负面结果。

（2）新城建设，城市有机更新兴起。 1990—2014年，是中国城市更新的第二阶段——新城建设与城市有机更新。20世纪90年代开始，投资商为了配合新城建设，主要追求数量和规模效应。2000—2014年，中国城市更新进入由"量"到"质"的阶段，开始注重城市有机更新，即建筑应该像生物体一样有机结合、和谐共处，形成整体风格。

（3）多元可持续发展。 2014年至今，中国城市更新顺应新时代新需求，进入多元可持续发展的第三阶段，不再只是对街道或老建筑的改造，而是抓住产业升级和消费升级的机遇，逐步进行有机更新。在更新过程中更加注重历史人文价值，运用创意包装空间，多样性再造城市品质与价值。

2. 城市更新的新趋势、新要求

中国的城市更新已经进入有机更新的阶段。从住宅区到商圈，从办公楼到公共建筑，越来越多的城市更新项目焕发出美感，给人们以美好体验。

成功的城市更新，注重文化创意。许多地方通过开创性的思维来打造新型城市更新社区，富有独创性与多元化。在城市中心区域，文创产业作为推动旧城区改造的良方被大范围推广，通过引入商业资本，融入文化创意，让旧城区焕发新活力。

成功的城市更新，注重历史底蕴。老建筑通常都承载着一座城市的故事，只有充分尊重历史，才能更好地更新。一些具有历史价值的旧建筑没有被推倒，而是在保护和传承中更新，变成了城市的名片。

成功的城市更新，注重空间的共享。存量空间有限，空间共享就是解决有限空间的绝佳方法。共享办公应运而生，在共享办公空间里，人们可以体验到专业化、便利化、多元化服务。

成功的城市更新，注重集聚和消费升级需求。城市更新需要平衡政府、投资人、民众的需求，民众是最重要的受益方。打造综合商业体可以有效把握消费者集中购物、休闲、饮食的消费心理，增强消费者的体验。

（二）城市更新中的物业服务角色定位

随着城镇化的推进，大量人口涌入城市，城市人口快速增加，新增人口住房需求带动房地产市场快速发展，城市规模不断扩大。伴随着城市化率逐步提高和城市规模不断扩大，人们需要更换能承载产业变化的物业服务，为城市更新注入新内容。

1. 物业服务精细化

城市更新过程中，物业服务更加精细化。城市更新不再只是简单地搬迁，而是要在原有的工厂、仓库业态的基础上转型调整为具备城市需要、居民欢迎的功能。整个项目要形成有机整体，控制好每个部分的有机嵌入，共生互赢。空间是集聚的，功能是提升的。一是能够充分发挥周边社区的配套优势，二是引入新的消费增长项目，带动周边商业、住宅、文化、教育等消费，提升整个区域能级，持续注入活力，提高软实力。

2. 物业市场的细分

城市更新过程中，物业市场得到细分。存量房地产被大量改造成为文化经济集聚中心区，不再只是清一色的新鲜事物。一部分原有建筑被保留，并加以独创性的再创造。许多工业建筑可以变身为艺术空间，以最具艺术感染力的方式为人们提供惬意的休闲时光。一些历史建筑也可以变成众创空间，以解构形式分割为相对独立的SOHO办公场所，保护传承文化，留住城市记忆。这极大地实现了文化、历史创意转型，促进了城市文化产业空间布局的调整，为新兴产业提供了孵化空间，房地产价值得以提升。

3. 智慧物业赋予城市更新新的意义

城市更新过程中，智慧物业赋予了其新的意义。城市发展面临产业升级的新需求，智慧物业可以提供多样化、高清化、智能化分场景解决方案。智慧停车可实现无人化管理停车场，降低运营成本；智慧访客可以提高访客进出效率，优化服务；智慧门禁让物业管理更加有效；智慧安防能更加即时地部署资源，形成应警机制；智慧楼宇使楼宇管理更加便利。利用人工智能、大数据和物联网技术，能让物业管理更加有效，也让业主生活更加便利。

4. 物业增值服务为传统物业赋能

消费升级是目前最为明确的一大趋势，物业增值服务为传统物业赋能。建筑更新、功能改善都是投资者的机会，他们可以通过重塑品质来提高价值。政府也支持运营商对核心区域存量楼宇的改造，一则可以带来整个区域面貌的更新，二则能够形成新的增长点，促进区域发展。运营商可以阶段性改造写字楼、商场、公寓，通过整体改造、包装定位、个性化定制等增值服务，满足多元化需求，赋予存量物业新的价值和用途，从而拓展存量空间。在需求变化下，完善城市功能，促进产业转型升级，拉动经济增长。

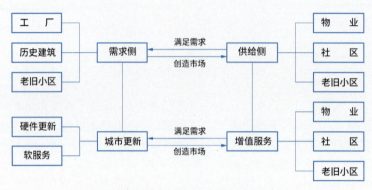

图2.6 城市更新中的物业增值服务

（三）城市更新中的物业服务案例分析

1. 浦江东岸民生码头

位于上海浦江东岸的民生码头8万吨筒仓，曾经是亚洲最大容量的粮仓，后来一度荒废，如今摇身一变成了上海文化艺术新地标。从"粮仓"到"艺术馆"的蜕变，这是城市更新的一大成功尝试。在"改造性再利用"的原则下，筒仓几乎不作任何改动，内部空间也作了保留，仅仅是在筒仓外增加了悬浮的外挂扶梯，通过扶梯，人们可以从三层直接至顶层展厅，不仅解决了人员分流，外观上也增加了轻盈感。30多个大筒组成的筒仓极具工业风，吸引了大量市民前来参观。

本项目的物业服务将由工业物业向公共物业、文创物业方向转型，对原有物业服务供给方提出了挑战。随着艺术家们纷纷前来开展活动，商业资本将更加积极地介入，使得文化创意更快融入市民日常生活，推动更高端与完善的产业链发展。未来民生码头将构建以艺术展览、文化演艺、精品酒店为主导的公共活动区域，丰富居民生活。

2. 街区文化与整体物业品质提升

目前国内部分城市越来越重视历史文化街区的保护和发展，在保留特色建筑的同时，将历史文化街区打造成集文化消费、休闲消费、体验消费为一体的文化功能区。目前一些历史文化街区已成为城市名片。

上海衡山路—复兴路（简称"衡复"）历史文化风貌保护区，位于上海徐汇区，总面积达7.66平方千米，拥有深厚的历史文化底蕴，是上海城市文脉的发源地和承载区。上海通过修缮和民生改善相结合、小区综合治理与物业

图2.7 浦江东岸民生码头景色

业管理模式也逐渐过渡到专业保洁、保安管理模式。

衡复风貌区管委办对城区、街区、小区以及地面、空间景观进行设计,持续提升风貌区形态、生态、业态、文态、常态,力求实现"建筑可阅读,街区宜漫步,城市始终有温度"这一美好愿景。从这一案例可以看出,对街区整体物业的改造和服务品质的提升需要包括物业公司在内的各方积极参与,物业增值服务的内涵得到了扩大,社会综合有效治理成为物业增值服务提升不可或缺的重要组成部分。

图2.8 街区物业整体转型与品质提升

管理升级,基本打造了"安全、有序、整洁"的全球城市风貌保护的衡复样本。

通过"拆、建、管、治"并举,风貌区内一大批里弄、小区旧貌换新颜。目前,风貌区实施了14万平方米优秀历史建筑修缮工程,打造武康大楼、永嘉新村两个示范工程,惠及居民1 921户。在风貌区管理上,以"保基本+显亮点"为目标,选定永嘉新村、上方花园等26个小区(街区)作为先行先试示范点,分为小区式、片区式、公寓式、街区式四类精细化管理模式,实施物业管理一体化方针。部分试点智能停车管理系统和楼面智能监控系统,原有物

3. 基于历史建筑的商业楼宇改造

作为承载现代服务业的商场，在城市更新中显得格外重要。人民对优质产品和服务需求巨大，运营商为了适应消费升级的趋势，需要通过更新旧建筑来满足消费升级的需求。新商业，往往让人获得更好的体验。

上海的上生新所由3栋历史建筑、3栋新建筑和15栋工业改造建筑合成，原项目称作哥伦比亚生活圈。在建筑改造上尽力用各类材料保留和还原那个时代的历史遗迹，空间塑造上多结合周边社区的生活动态。上生新所商业部分约为1.3万平方米，引进创意店铺，其中餐饮占到45%左右，满足人们日常逛街购物需求。上生新所绿化面积占到28%，满足周边社区居民对公共空间的需求。通过打造办公楼宇和酒店式公寓，营造和谐的生活商业圈，实现商业价值最大化。

随着商业综合业态的植入，物业服务的品质得到了极大提升，也对综合性物业服务提出了更高的要求。如在本案例中，餐饮物业、商业物业、楼宇办公物业综合交错，而又有机整合，给业主和到访商客带来更加优质的服务体验。

图2.9　上生新所场景展示（来源于网络）

三、从"物业服务"到"美好生活",社区服务实现价值突破

(一) 物业服务行业的发展符合政策导向

物业管理服务行业的发展利于"满足人民对美好生活的向往"。习近平总书记深刻指出:"人民对美好生活的向往,就是我们的奋斗目标。"当前,社会治安、公平正义、食品安全、环境污染、城市交通、看病就医、养老保障、入学入托、社会就业、居民住房等关系民生的十大问题日益突出,已经成为影响国家安定团结、制约经济社会发展、阻碍中国梦实现的重大问题,解决好上述十大民生问题,能有效提升人民群众对党的理解和认同,调动人民群众对党和国家各项事业的支持和参与热情,实现中国梦就有广泛的群众基础。其中,社会治安、环境污染、社会就业、城市交通、看病就医、居民住房等方面均可由物业管理行业通过加强传统服务、增强增值服务来改善,为人民创造更加宜居的生活环境。

物业管理行业的发展利好环境改善、乡村振兴。"绿水青山就是金山银山"是习近平总书记提出的重要发展理念,深入理解及把握这一理念对自觉保护好生态环境、实现绿色发展具有重要意义。同时,党的十九大报告提出,实施乡村振兴战略总的要求是产业兴旺、生态宜居、乡风文明、治理有效、生活富裕,乡村振兴战略也需要贯彻"绿水青山就是金山银山"

的理念。物业可通过普及知识、使用环保型材料、提供便民利民的增值服务等方式辅助"绿水青山就是金山银山"概念的深入人心,同时也可为当地的产业兴旺贡献一份力量。同时,各地区政府的工作重点均为保障和改善民生,物业行业的发展符合政府工作方向。

表2.6 各地区政府工作重点均要保障和改善民生

城市	政府方针
北京市	坚定有序推进疏解整治促提升专项行动,提升城市品质、改善人居环境;持续保障和改善民生,切实增强人民群众获得感、幸福感、安全感
上海市	持续用力保障和改善民生。坚持以人民为中心,把高质量发展更多体现在增进民生福祉上;扎实推进乡村振兴战略。坚持城市建设重心和公共服务资源配置向郊区倾斜,促进农村进步、农业升级、农民发展,努力让乡村成为现代化国际大都市的亮点和美丽上海的底色
广州市	扎实推进乡村振兴战略;加强民生保障和社会治理创新;加快建设文化强市;高质量推进健康广州建设
深圳市	着力建设幸福深圳,营造共建共治共享的社会治理新格局

资料来源:政府工作报告

（二）现有社区服务的功能定位亟待扩展

在现代物业服务理念下，社区服务亟待突破传统的本地化服务理念，向对"人"的全面服务的理念扩展。从目前上市物业服务公司开展社区服务的方式看，物业服务企业仍旧围绕"物业"等硬资产服务，对"人"的软服务发展还不到位。例如，世茂股份发布"宅行动"计划，以解决业主生活的置业、财务、资产经营等多方面问题；新城物业、中奥到家等一批社区O2O更多也是围绕"本地化"服务开展，通过分析居民生活的各个场景以及社区消费的流量入口来搭建诸如文化教育、医疗健康、空间运营、零售服务、房屋租赁、物流供应、资产管理等全方位社区生态圈。总体而言，这些服务大多还是围绕对"物业"的硬服务。

表2.7 物业管理公司增值服务分类

服务类型	内容
商务服务	代收、发传真/代收、发电子邮件/翻译/代收租金/房屋租赁/代请律师/复印/打字/传真/装订/票务等服务
车辆服务	代客加油/代客洗车/汽车美容
教育服务	代请家教/各类培训班/健康、养身知识讲座
餐饮服务	代电话订餐/代订座位
家居类服务	代设立家庭健康档案/代办家政保洁/旅游手续/花卉租摆/代订报刊、水、餐、牛奶/代购办公用品/代缴话费/代订酒店客房/代办申请电话/物品寄存、转交/运动场所预订（仅限于物业会馆）
保健服务	家庭看护/健康体检
保洁服务	家居清洁服务/地板打蜡/家具保养/玻璃清洗/地毯清洗/抽油烟机清洗/空调清洗
绿化服务	园林设计/植物代购/植物移植/植物代种植/植物代养护/植物领养/植物租赁
生活服务	保姆服务/钟点工服务/代订搬家公司
物业租赁类服务	物业出租、转让/市场调查/物业估价等服务

资料来源：中国产业研究院

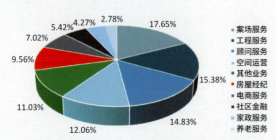

图2.10 2017年物业百强企业增值服务构成情况图

资料来源：中国产业研究院

（三）推动政策创新，打通"社区服务"与"美好生活"的阻隔

1. 推动优化政府补助方式，完善物业行业市场化机制

由于物业服务业不仅是现代服务业的重要组成部分，也是城市管理中的重要内容，物业服务在提高居民生活质量、促进社会和谐发展、改善居民生活环境等方面均发挥着重要作用。从产业主体方面来看，物业行业的发展涉及政府、物业企业、业主三者，因此整个物业行业的和谐发展需要靠三者共同促进。

目前我国物业行业面临层次较低、服务能力较低、服务动力不足、产业基础薄弱、物业定位失衡、居民物业费缴纳情况不佳等问题，为提高物业服务能力、增强产业基础，建议各地政府通过以下两种方式优化对物业行业的补贴：一是对服务基础较差或由于非市场因素常年亏本运营的物业企业，政府为保证其积极性，采取每年补贴一定金额的方式鼓励其发展；二是鼓励政府采取购买公共服务的方式，激活本地物业服务市场，扩大物业服务市场规模，并推动本地物业服务标准规范完善。

实际上，政府出于公益目的的补贴并不能从根本上改变物业行业所面临的问题，政府除了进行补贴外还应该完善物业专项资金管理机制，建立物业纠纷调解机制，完善物业服务市场监管体系；居民方面应充分发挥街道社区居委会的作用，切实加强业主大会及业主委员会组织建设以增强居民对物业的认可度，加强舆论引导，实现盈利的良性循环。

2. 完善政府监管体系

一方面，我国物业管理行业是随着房地产的发展及地产经济体制改革而出现的，天生存在对房地产行业的从属属性；另一方面，我国房地产价格常年持续上升，诱导物业服务机构存在重"资产服务"轻"业主服务"的服务理念，这些都是妨碍我国从"社区服务"发展到"美好生活"的客观因素。政府应进一步加强对物业服务行业的监管，强化对业务服务的监管体系建设，弥补由于我国房地产市场化带来的对物业服务行业市场调节机制的不足。

目前我国法律体系尚未完全建立。我国现行的物业管理方面主要法律法规为2007年重新修订的《物业管理条例》及相关部委颁发的规章制度，如《物业服务收费管理办法》《住宅专项维修资金管理办法》等，这些法律法规很多地方规定得还不够详细，同时部分环节可操作性较低。例如，法律法规中规定了业主的一系列权利，但没有说明如何保障这些权利。此外，相较于城市供暖、供气等公共产品，政府对物业行业的发展关注度偏低，出台的物业扶持政策较少。政府部门应进一步细化相关管理规章制度，提高法律法规的可操作性，同时应加大对物业行业的支持力度，像关注冬

季供暖一样关注物业行业,并出台相关优惠政策,政府可对由历史遗留问题等特殊原因造成的收费率低的物业企业进行适当补助。

政府综合协调能力有待进一步提升。由于物业管理涉及城市的规划、开发、供水、供电、城建等领域,因此应被相应部门监管,但目前监管力度仍有提升空间。此外,很多小区的纠纷单靠物业是无法解决的,部分纠纷需要城建、公安、民政等部门参与,但由于目前责任尚未完全落实,各个部门的最大效用还无法体现,政府职能部门的综合协调能力有待进一步完善。

表2.8 物业管理行业相关政策

名称	实施日期	颁布机构	政策内容
《服务业发展"十二五"规划》	2012年12月	国务院	要求建立和完善旧住宅推行物业管理的长效机制,探索建立物业管理保障机制,提高旧住宅物业服务覆盖率
《关于放开部分服务价格意见的通知》	2014年12月	国家发展改革委	放开非保障性住房物业服务收费管制
《国务院关于取消和下放一批行政审批项目的决定》(国发〔2015〕11号)	2015年3月	国务院	住建部取消物业管理师注册执业资格认定
《住房和城乡建设部关于修改〈房地产开发企业资质管理规定〉等部门规章的决定》	2015年5月	住建部	删除《物业服务企业资质管理办法》(建设部令第164号)第五条,第一项:1.注册资本人民币500万元以上;第二项:1.注册资本人民币300万元以上;第三项:1.注册资本人民币50万元以上
《关于加快发展生活性服务业促进消费结构升级的指导意见》	2015年11月	国务院	提出要推动物业管理发展
《国务院关于修改部分行政法规的决定》(国务院令第666号)	2016年3月	国务院	删除第三十三条"从事物业管理的人员应当按照国家有关规定,取得职业资格证书";删除第六十一条"违反本条例的规定,物业服务企业聘用未取得物业管理职业资格证书的人员从事物业管理活动的,由县级以上地方人民政府房地产行政主管部门责令停止违法行为,处5万元以上20万元以下的罚款;给业主造成损失的,依法承担赔偿责任"
《国务院关于取消一批职业资格许可和认定事项的决定》(国发〔2016〕35号)	2016年6月	国务院	住建部、人社部取消物业管理师职业资格
《住房城乡建设事业"十三五"规划纲要》	2016年8月	住建部	以推进新型城镇化战略为契机,进一步扩大物业管理覆盖面,健全物业服务市场机制,完善价格机制,改善税收政策,转变物业服务发展方式,创新商业模式,提升物业服务智能化、网络化水平,个人住房公积金允许用于支付自住住房物业费

(续表)

名　　称	实施日期	颁布机构	政　策　内　容
《国务院关于第三批取消中央指定地方实施行政许可事项的决定》（国发〔2017〕7号）	2017年1月	国务院	省、市级住房城乡建设主管部门取消了物业服务企业二级及以下资质认定
《国务院关于取消一批行政许可事项的决定》（国发〔2017〕46号）	2017年9月	国务院	住建部取消物业服务企业一级资质核定，住建部加强事中事后监管
《住房城乡建设部办公厅关于做好取消物业服务企业资质核定相关工作的通知》	2017年12月	住建部	贯彻落实《国务院关于第三批取消中央制定地方实施行政许可事项的决定》（国发〔2017〕7号）和贯彻落实《国务院关于取消一批行政许可事项的决定》（国发〔2017〕46号）
《住房城乡建设部关于废止〈物业服务企业资质管理办法〉的决定》（住建部令第39号）	2018年3月	住建部	住建部决定废止《物业服务企业资质管理办法》（建设部令第164号），决定已经2018年2月12日第37次部常务会议审议通过

资料来源：据网络资源整理

3. 转变公众对物业服务的理念

随着我国城镇化进程不断加快、城镇居民人口迅速上升，我国房屋竣工面积也在不断增长，在这背后城镇居民对物业管理及城市管理提出了更高要求。目前我国社区建设的新目标是切实解决居民美好生活需求与供给间的差距。社区建设不仅需要提升居民的幸福感、便捷度、安全感，还需要运用舆论及政策引导、道德及法制约束来保障。目前我国物业市场程度偏低、收益难以覆盖成本、业主委员会功效不显著等原因成为限制居民实现美好生活的难题。

2014年年底国家发展改革委放开非保障性住宅物业服务价格，业主可自主选择物业公司，双方协商定价，为行业引入了市场机制，但目前市场化程度仍有提升空间。部分物业管理项目没有遵循招投标制度，部分开发建设单位及业主委员会仍以协议方式聘用物业服务企业，缺乏市场化的选聘行为将使得物业服务质量不稳定。类似在商品房未销售完全前开发商用较低物业费及较高物业服务品质来吸引住户入住，商品房销售结束后物业服务质量则显著下滑的事件时有发生。

通过切实有效的方法激发和维持居民参与热情，可以引导居民有序参与、依法参与，营造有利于实现居民参与的社区氛围，化被动为主动，同时随着业主参与意识逐步提升、物业公司依规提供服务、社区治理多方参与体系日益完善，社区内部日渐形成治理合力，这些成效相互作用，使得物业服务与美好生活能够有效结合。

四、长三角上市物业服务企业发展概况及区域服务一体化带来的挑战与机遇

（一）2018年长三角一体化上升到国家战略

长江三角洲区域是国内与京津冀和珠三角齐名的三大经济带之一，是国内民营经济发达程度、产业集群成熟程度、人均GDP水平较高的区域，是我国经济最具活力、开放程度最高、创新能力最强、吸纳外来人口最多的区域之一，是"一带一路"与长江经济带的重要交汇地带，在国家现代化建设大局和全方位开放格局中具有举足轻重的战略地位。

改革开放40多年以来，中国经济蓬勃发展，区域经济大放异彩，在沿海形成了京津冀、长三角、珠三角三大城市群，与京广铁路和长江流域经济带沿线的城市群一起形成了中国区域经济的"弓箭型"格局。长三角作为"箭头"，在国家经济格局中分量最重，发展潜力巨大。中央高瞻远瞩，陆续出台《京津冀协同发展规划纲要》（2015年3月）、《粤港澳大湾区规划纲要》（2019年2月）等国家战略规划，加强区域经济内部协作，提升区域经济能级，将深化改革和对外开放在区域经济发展中落地生根。长三角作为中国经济的重要一极，其一体化战略也将上升为国家战略，为长三角的发展注入新的动力。

为落实长三角一体化国家战略，目前国家发展改革委编制了长三角一体化发展规划纲要，从顶层设计描绘长三角发展蓝图。实际上，2018年以来，上海、江苏、浙江、安徽三省一市一体化发展不断加速：2018年2月，三省一市联合组建的长三角区域合作办公室正式挂牌成立；7月，《长三角地区一体化发展三年行动计划（2018—2020年）》正式印发，进一步明确了长三角一体化发展的任务书、时间表和路线图；11月，中央提出将长三角一体化上升为国家战略，各个领域的合作驶入快车道。2019年政府工作报告明确提出"将长三角区域一体化发展上升为国家战略"。

表2.9 长三角一体化政策梳理

政策名称	颁布时间	规划期	具体政策	主体	意义
《长三角区域规划》	2010年5月	2009—2015年，展望到2020年	形成以上海为核心的"一核九带"空间格局，定位为全球重要的现代服务业和先进制造业中心、具有较强国际竞争力的世界级城市群	苏浙沪	加快提升长江三角洲地区经济整体素质和国际竞争力，对全国改革开放和经济社会发展具有重大意义
《长江三角洲城市群发展规划》	2016年5月	2016—2020年，远期展望到2030年	增加了安徽8市。长三角城市群一体化发展到2020年，基本形成世界级城市群框架，到2030年，全面建成具有全球影响力的世界级城市群	三省一市	以改革创新推动长三角城市群协调发展，增强国家竞争力

（续表）

政策名称	颁布时间	规划期	具体政策	主体	意义
《崇明世界级生态岛发展"十三五"规划》	2016年12月		强化市区财政和投资支撑。加强与自由贸易试验区的功能对接，促进区域一体化发展	长江入海口	对崇明生态岛建设以及长江入海口一体化发展具有重大意义
《长三角地区一体化发展三年行动计划（2018—2020年）》	2018年6月	2018—2020年	覆盖了交通能源、科创、产业、信息化、信用、环保、公共服务、商务金融等12个合作专题、7个重点领域	三省一市	为长三角一体化发展明确了任务书、时间表和路线图
长三角一体化上升为国家战略	2018年11月		国家主席习近平提出将支持长江三角洲区域一体化发展并上升为国家战略，推进更高起点的深化改革和更高层次的对外开放	三省一市	构建现代化经济体系，推进更高起点的深化改革和更高层次的对外开放，完善中国改革开放空间布局
长三角市场体系一体化建设合作备忘录	2019年1月		三省一市将在商务部、国家市场监管总局指导下，大力实施"三联三互三统一"工程	三省一市	区域市场一体化与对外开放有机衔接，内外贸一体化加速发展，打造成为中国改革开放的新高地、经济增长的新引擎

资料来源：国家发展改革委网站，上海市政府网站

表2.10　2018年下半年开始长三角一体化进程加速

时间	部门、地区或会议	相关政策内容
2008年9月7日	国务院	《关于进一步推进长江三角洲地区改革开放和经济社会发展的指导意见》，提出优化产业结构，提高服务业比重，增强创新能力，提升科技进步贡献率，合理布局区域和产业，遏制环境恶化，基本实现全面建设小康社会的目标
2010年6月7日	国家发展改革委	《长江三角洲地区区域规划（2011—2020）》明确长三角发展战略定位；到2020年，基本形成经济充满活力、高端人才汇聚、创新能力跃升、空间利用集约高效的世界级城市群框架
2014年9月25日	国务院	《关于依托黄金水道推动长江经济带发展的指导意见》，打造长江黄金水道，全面推进长江干线航线系统治理，统筹推进支线航道建设，促进港口合理布局，加强集疏运体系建设，扩大三峡枢纽通过和长江干线过江能力
2016年5月12日	国务院常务会议	《长江三角洲城市群发展规划》，建成有全球影响力的世界级城市群，推进宁杭合锡甬等同城化发展，构建综合交通体系和基础设施互联互通，扩大开放吸引外资，扩大服务业对外开放，探索建立自由贸易港区，促进产业发展

（续表）

时间	部门、地区或会议	相关政策内容
2018年6月2日	长三角地区主要领导座谈会	《长三角地区一体化发展三年行动计划（2018—2020年）》，到2020年，长三角地区要基本形成世界级城市群框架，并建成全面贯彻新发展理念的引领示范区、全球资源配置的亚太门户、具有全球竞争力的世界级城市群
2018年11月5日	上海进博会	支持长江三角洲区域一体化发展并上升为国家战略，同"一带一路"、京津冀、长江经济带、粤港澳相互配合
2018年11月23日	江苏省	《江苏省人民代表大会常务委员会关于支持和保障长三角地区更高质量一体化发展的决定》，加强与其他两省一市的合作，聚焦重大规划对接、区域协同创新、基础设施互联互通、生态环境联防联控、民生工程共建共享
2018年11月23日	长三角三省一市	《关于支持和保障长三角地区更高质量一体化的决定》，明确了总体要求和推进机制，明确以法治力量支持和保障三省一市规划对接、法治协同、市场统一、生态保护和共建共享
2018年11月29日	长三角司法协会会议	协议强化了长三角重大案件防范处理合作机制，深化司法执行联动协作机制建设，建立跨区域司法服务协作机制建设，探索创新跨区域大数据应用工作机制等
2018年11月29日	国务院	《关于建立更加有效的区域协调发展新机制的意见》，建立健全区域合作、互助、利益补偿机制，促进协调区域分化差距，避免无序开发和恶意竞争，缓解区域发展不平衡和不充分问题，完善区域发展机制
2018年12月6日	交通运输部、长三角三省一市	《关于协同推进长三角港航一体化发展六大行动方案》，协同推进长三角港航一体化
2018年12月13日	长三角三省一市	《长三角地区教育更高质量一体化发展战略协作框架协议》和《长三角地区教育一体化发展三年行动计划》，推进长三角地区2025年整体实现教育现代化

资料来源：国家发展改革委网站，上海市政府网站

表2.11 2019年以来长三角区域一体化战略被纳入中央政府及三省一市政府工作报告中

时间	部门、地区或会议	相关政策内容
2019年1月2日	国家发展改革委	《江苏省沿江城市群城际铁路建设规划（2019—2025年）》，深入实施推动长江经济带发展战略，支持长三角一体化
2019年1月3日	长三角三省一市	上海市副市长许昆林、江苏省副省长陈星莺、浙江省副省长王文序、安徽省副省长杨光荣共同签署了《长三角地区市场一体化建设合作备忘录》，根据合作备忘录，三省一市将在商务部、国家市场监管总局指导下，逐步实现统一市场规划、统一信用治理、统一市场监管，共同推动长三角地区市场体系一体化建设

（续表）

时间	部门、地区或会议	相关政策内容
2019年1月14日	江苏省十三届人大二次会议	《江苏省政府工作报告》，发挥"一带一路"建设、长江经济带建设、长三角区域一体化发展三大国家战略的叠加优势，推动高质量发展走在前列
2019年1月14日	安徽省十三届人大二次会议	《安徽省政府工作报告》，着力推进长三角科技创新共同体和产业合作示范基地建设
2019年1月16日	上海市	《上海大都市圈空间协同规划编制工作方案（征求意见稿）》，征求苏浙两省的修改完善意见，"上海大都市圈"是推进"长三角一体化战略"的三个层面之一，另外两个是"长江经济带"和"邻沪地区"，此番规划的启动意味着长三角一体化战略的进程又向前迈进一大步
2019年1月27日	上海市十五届人大二次会议	《上海市政府工作报告》，全力实施长三角区域一体化发展国家战略，合力推进长三角一体化发展示范区建设
2019年1月27日	浙江省十三届人大二次会议	《浙江省政府工作报告》，坚持全省城、全方位融入长三角，并发挥自身体制机制、对外开放、数字经济、绿水青山、民营经济等优势，制定浙江推动长三角一体化发展行动纲要
2019年2月14日	青浦区政府	《青浦、吴江、嘉善2019年一体化发展工作方案》，目前三地在充分协商的基础上已初步确定了2019年推进一体化发展的51项重点工作
2019年3月5日	十三届全国人大二次会议	李克强指出，将长三角区域一体化发展上升为国家战略，编制实施发展规划纲要，长江经济带发展要坚持上中下游协同，加强生态保护修复和综合交通运输体系建设，打造高质量发展经济带
2019年3月6日	上海市	上海市委书记李强在上海市代表团全体会议上表示，长三角一体化上升为国家战略之后，上海、江苏、浙江交界处将设立长三角一体化示范区。目前，上海正在与江苏、浙江研究长三角一体化示范区相关规划和制度设计
2019年7月2日	国家发展改革委	上海市市长应勇在国新办发布会上透露，由国家发展改革委牵头，会同国家有关部委和上海市、江苏省、浙江省、安徽省拟定的《长江三角洲区域一体化发展规划纲要》已正式审议通过并印发

资料来源：国家发展改革委网站，上海市政府网站

（二）长三角上市物业服务公司发展现状

截至2019年5月，长三角上市物业服务企业共有21家，其中浙江省8家、江苏省7家、上海市6家，从上市公司数量来看仅次于广东省和北京市，排名分别为第3至第5。长三角上市物业服务企业占全部上市公司数量的22.6%；总市值为760.5亿元，占全部上市物业服务企业总市值的10.1%，其中浙江省总市值为389.6亿元，上海市总市值为366.9亿元，江苏省仅为4亿元，充分说明了三地上市物业服务企业的质量。

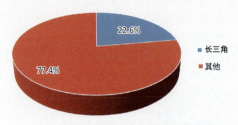

图2.11 长三角上市物业服务企业数量占全国比例

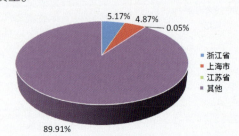

图2.12 长三角上市物业服务企业市值占全国比例

（三）长三角代表上市物业公司案例分析

1. 新城悦：深耕长三角高速增长的物管公司

新城悦于1996年成立。集团通过收购和成立子公司逐步扩大业务，其中一项主要策略为借提高物业管理服务水平令客户满意度上升，从而提高新城品牌的知名度。2017年全口径合约销售额超过1 000亿元，并在2018年突破2 000亿元，按销售规模计算全国排名第8。

新城控股作为一家深耕长三角的地产商，在长三角的市场地位巩固，作为新城控股的关联方，新城悦在深耕长三角的策略上带有天然优势。截至2018年年底，公司物业服务收入中，约83%来自长三角，其中江苏省占62%。新城发展土储将直接影响新城悦的发展，截至2018年年底，新城发展土储总建筑面积约1.1亿平方米，长三角地区约占50%，其中上海市约占1.3%、江苏省约占33%、浙江省约占11%。

新城悦拥有四大业务板块，收入结构清

晰。四大板块如下：一是传统物业管理服务，向楼盘住户提供一般广泛的管理服务，包括维护、保安、清洁、园艺、公共区域管理等其他物管相关服务；二是开发商增值服务，主要包括向物业开发商提供的销售案场协助服务；三是社区增值服务，主要包括管理商住楼盘小区公共区域、拎包入住服务、经营社区APP、资产管理（停车位销售及二手房中介服务）；四是专业服务，如为商住楼盘小区内的智慧化设施提供保养、为开发商提供智慧化工程承包服务等。

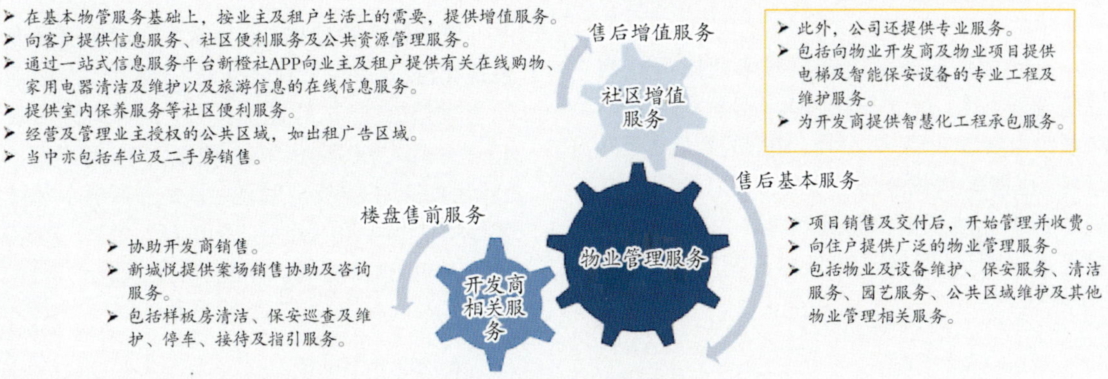

➢ 在基本物管服务基础上，按业主及租户生活上的需要，提供增值服务。
➢ 向客户提供信息服务、社区便利服务及公共资源管理服务。
➢ 通过一站式信息服务平台新橙社APP向业主及租户提供有关在线购物、家用电器清洁及维护以及旅游信息的在线信息服务。
➢ 提供室内保养服务等社区便利服务。
➢ 经营及管理业主授权的公共区域，如出租广告区域。
➢ 当中亦包括车位及二手房销售。
售后增值服务
社区增值服务
➢ 此外，公司还提供专业服务。
➢ 包括向物业开发商及物业项目提供电梯及智能保安设备的专业工程及维护服务。
➢ 为开发商提供智慧化工程承包服务。
售后基本服务
楼盘售前服务
物业管理服务
开发商相关服务
➢ 协助开发商销售。
➢ 新城悦提供案场销售协助及咨询服务。
➢ 包括样板房清洁、保安巡查及维护、停车、接待及指引服务。
➢ 项目销售及交付后，开始管理并收费。
➢ 向住户提供广泛的物业管理服务。
➢ 包括物业及设备维护、保安服务、清洁服务、园艺服务、公共区域维护及其他物业管理相关服务。

图2.13　新城悦四大板块逻辑

资料来源：公司公告

新城悦收入结构(2018年)
分部收入
专业服务 6%
社区相关服务 4%
物业开发商相关服务 26%
物业管理服务 64%
新城悦利润结构(2018年)
分部利润
专业服务 6%
社区相关服务 12%
物业开发商相关服务 22%
物业管理服务 60%

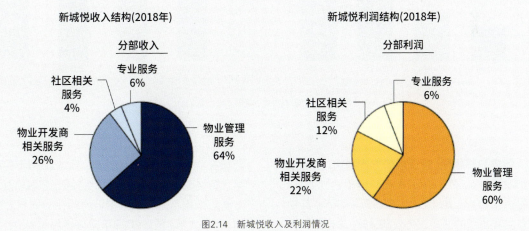

图2.14　新城悦收入及利润情况

资料来源：Wind

新城悦未来还是坚持"1+3策略"：深耕长三角，并在环渤海、中西部、珠三角（以至大湾区）地区发展。作为龙头房企，在品牌效应的带动下，新城悦将在物管行业整合中受惠。

2. 永升生活服务：实力背景与高效团队助推长三角区域扩张

永升生活服务为旭辉控股集团旗下的物业管理服务商，成立于2002年，公司的主要业务是为中高端住宅、办公楼、商业园区、政府、学校、医院等提供物业管理服务，以及为房屋资产提供全生命周期管理和为广大业主提供社区增值服务。公司于2016年改制成功，挂牌新三板，独立于旭辉集团运作。2018年12月正式于香港联交所上市，代码1995.HK。截至2018年6月底，公司合约建筑面积为4 235万平方米，签约项目264个，服务家庭超过17.8万户，已进驻全国35个城市。根据中国指数研究院发布的2018年中国物业服务百强企业研究报告，永升生活服务排名第20位。

营业收入快速增长，物管为主增值服务亦表现突出。公司的营业收入从2015年的3.34亿元增加至2018年的10.8亿元，分别同比增长43.7%、51.1%及48.3%。截至2018年年底，公司的三项业务物业管理、非业主增值以及社区增值的营业收入分别达到6.7亿、2.1亿及2.0亿元，分别占比62%、19.6%和18.4%。

图2.15 永升服务收入及收入占比情况

资料来源：Wind

背靠旭辉集团，管理规模增速加快，区域以东部沿海为主。2018年公司在管面积达到4 024万平方米，合约面积达到6 555万平方米。其中来自旭辉集团的面积占比为36.4%，来自第三方物业开发商的面积占比为63.6%。2018年来自第三方的结转面积达到1 232万平方米，占当年新增在管面积比重达到90%；预计2019年存量第三方结转及新拓在管面积将超过2 000万平方米。2018年旭辉交付给公司的在管面积达到144万平方米，预计2019年交付将超过650万平方米。2019年公司计划达到在管面积7 000万平方米，合约面积超过1亿平方米。

图2.16 永升服务在管面积情况
资料来源：招股说明书，Wind

（四）物业服务业一体化的问题瓶颈

物业服务作为现代服务业的重要组成部分，具备以下特点：一是无形性，即服务是由一系列活动所组成的过程，而不是实物；二是异质性，即服务是由人表现出来的一系列行动，因此没有完全一致的服务；三是生产和消费的同步性，即大多数商品是先生产，然后存储、销售和消费，但大部分的服务却是先销售，然后同时进行生产和消费；四是易逝性，即服务的易逝性是指服务不能被存储、转售或者退回的特性。

从国际大都市服务业发展历程看，当服务业占经济总量比重超过85%之后，服务业将进入整体平稳发展、结构优化调整阶段，服务业和制造业占经济总量的比重将保持相对稳定，两大产业相互依存、相互融合、相互促进。此外，在人均收入水平达到较高程度后，满足人们发展需求、心理需求的医疗、教育、保健、休闲、娱乐等高端生活性服务业持续增长。同时，优势服务业的发展，对国际大都市的国际角色和国际地位的确立起着关键作用，成为最闪亮的名片。

随着长三角一体化加速发展，区域服务业在一体化的过程中遇到了以下四个问题：

（1）服务本地化。由于本土服务商更了解本地居民的生活及消费习惯，同时本地居民对于本土服务商更具有亲切感及信任感，因此服务本地化在我国较为明显。（2）需求分散化。由于目前对服务业并没有一个非常清晰的划定，而服务业涉及生活的方方面面，因此服务业范畴较大导致需求分散化。此外，由于当前消费者对个性化服务需求较大，千人千面导致即使是同一种服务也会呈现较大的差异性，因此难以提供较为标准的服务。(3) 流程标准化。目前大部分酒店、物业等主要服务业均采取标准化服务流程进行服务，如酒店餐厅的斟倒酒水、摆台、餐巾折花、上菜、接待入住等环节服务员均按照标准化流程进行服务，但是由于服务是由人表现出来的一系列行动，且客户随时可能提出个性化需求，同时部分服务业由于规模较小难以进行标准化，因此服务业无法做到完全的流程标准化。(4) 人员专业化。部分服务业需要极高的专业水平及素养，如金融服务。随着金融各细分行业的迅猛增长，金融机构类型不断增多，企业也愈加重视人才的综合能力，如何引进人才、培养人才，已成为金融机构人才战略制定的基准。但是，物业、餐饮等服务业由于社会定位偏低、员工流动性较大等原因导致人员专业化程度较低。

（五）长三角物业服务业一体化趋势带来的机遇

1. 有利于物业服务企业之间的收购并购，由传统的社区物业服务向城市物业服务转型

今天的物业行业发展已经不是传统的发展逻辑和模式，收购并购已经成为企业快速增长、促进模式转型，同时提升自身价值的重要手段。未来十年将是物业行业并购整合的"黄金十年"，收购并购将成为物业行业的"新常态"。

因此，长三角物业服务企业可以结合目前存在的问题及成因，并结合行业未来发展趋势，提出物业服务企业的发展战略以及促进整个行业健康发展的具体并购方案，并购双方各自都具备对方不具备的优势，在物业服务行业通常是优质服务提供商与规模较大的物业管理公司进行整合。这样，一方面充分发挥服务提供商的优质服务，提高物业管理价值；另一方面利用物业企业规模优势迅速扩张服务范围和规模。例如，通过并购进入物业行业，或扩展新的区域，实现跨地区运营；以自身服务价值外溢为核心目的的收购并购，通过服务嫁接，对新并购物业进行价值赋能，推动物业流量价值变现。一方面，有助于打破传统物业服务企业单独运行的壁垒，实现各业态的服务升级与资源整合，推动城市功能提升；另一方面，有助于地区产业集聚和升级，推动区域经济蓬勃发展。

最终以此引领物业行业不断进步，促进服务升级、加快民生改善、助力城市更新、完善社区治理，实现价值驱动和创新赋能。与传统物业服务企业不同，通过企业之间的并购和规模扩张，传统的社区物业服务向城市物业服务转型后，物业服务的不只是一栋楼宇、一个小区，而是一座城市。关注的也不仅是一个社区的完善、一个商圈的兴旺，更是一整座城市的茁壮成长。有可能还会承担着城市园林、城市环卫、城市供热供水、污水处理等政府职能，为多个城市提供区域综合保障服务。

2. 有利于标准化运营，打造物业服务区域性平台

物业服务业将从物业单体服务逐渐转变为区域性服务平台。而企业标准化运营，是企业发展战略的基础和重要组成部分。目前大部分物业企业仍为本土小规模企业，随着长三角一体化迅速发展，市场份额有望向具有先进管理经验的区域性大企业进一步聚拢，同时相关利好区域性一体化政策的出台利于物业服务业泛区域化。因此，物业服务企业需要建立一整套管理体系，实行规范化管理和标准化服务。例如，明确规定每一个岗位的工作职能、每一类工作的操作步骤、各种问题的处理方法，让每一个员工工作都有章可循，全面提高企业的管理水平和服务质量。并在此基础上，借助移动互联网深化应用，围绕客户服务及生活需求，以优化提升物业服务品质为切入点，推进物业服务向高端化、智能化方向迈进，实现客户生活品质的全面提升，构建智慧服务生态圈，提升客户的满足感和幸福感。

3. 有利于科技融入服务，构筑智慧城市

在"互联网+"的时代，物业管理行业智能化毫无疑问是当前行业发展的重要趋势。为了将科技完美融入城市、提高人们的生活质量，物业服务企业利用科技手段、管理手段以及新的商业模式，通过对小区的自然禀赋、物理层、支撑层、物业管理和现代服务等方面的不断探索，对小区建设和运营的标准、技术和现代服务类型进行不断总结和归纳，让物业服务更简单，发挥更大效益和价值，实现物业管理对物业保值增值的承诺。同时，还可以依托移动互联、大数据、云计算、北斗导航等全新技术，整合城市运营资源，建立起集城市生产、城市运营、城市决策三位一体的产业新城智能运营管理平台，开创"智能化、可视化、数字化"的物业服务新模式，为城市管理者提供直观、全面、高效的管理工具。此外，物业服务还可以围绕居民日常生活展开，渗透到居民生活的各个方面，通过为公众提供电子投票、政策法规咨询、信息发布与查询、网上申报、退休人员社区管理及公益类等社会化服务，主要包括政务、公共事业、生活服务、交通、环境、医疗、教育、就业、金融、旅游以及公益等公共信息服务，实现一站式服务、社会救助等社会管理与公共服务职能。例如，可以建立一个围绕美好生活全生命周期服务体系，通过数据的存储、运营、分析，实现业主画像、客户识别、品质提升和精准服务；通过智慧物业服务体系、社区生活服务体系和信息化管理体系的流程再造，实现物业管理的数字化呈现，降本增效；通过社区生活和消费场景再造，整合资源，让员工出现在该出现的时间和地点，提供适时适度的服务，使生活更美好；通过管理数据的运营分析，挖掘未来管理的痛点、难点，发挥优势，控制风险。部分服务介绍如下。健康服务：业主健康服务可分为医疗协助服务、社区医疗服务。医疗协助服务包括电子健康档案服务、远程医疗服务和辅助诊疗服务；社区医疗服务包括家庭医生服务、健康评估与干预和合理用药预警。养老服务：利用物联网技术，通过各类传感器，方便、快捷监控老年人的日常起居和生产生活，以便处理突发情况。金融服务：社区存在着大量的金融业务需求，为社区金融的发展提供了大量的机会，如智慧小区的水、电、燃气、物业费等的统一收缴，两公里商业圈的小额消费与结算，

居民足不出户的网购与理财的需要等。多样化、个性化的金融需求,为金融业务的发展提供了更多的契机。

4. 有利于建立规范统一的细分服务增值市场

从服务类型来分,物业管理服务包含基础物业服务和增值服务。其中,增值服务根据服务对象的不同,分为非业主增值服务和业主增值服务。增值服务的毛利率普遍远高于基础服务的毛利率。增值服务作为物业管理后阶段盈利的关键点,一方面,其具有多样性,特别是围绕家庭业主的社区增值服务,可拓展的范围涵盖业主全生命周期;另一方面,增值服务毛利率较高,可贡献利润空间较大,未来细分服务增值市场潜力巨大。

目前行业内部还缺乏对物业增值服务统一的标准制定,部分原因是我国区域经济发展不平衡性较大,制定全国统一的物业增值服务标准几无可能。但是,长三角区域经济水平发展相对均衡,消费服务潜力巨大,这为建立统一的物业增值服务标准提供了良好的物质基础。

表2.12 主流物业企业各细分业务毛利率情况

公司名称	服务类型	2015（%）	2016（%）	2017（%）	2018（%）
彩生活	物业管理服务	46.8	35.6	35.2	26.1
	工程服务	55.9	51.0	58.5	66.0
	社区租赁、销售及其他服务	98.3	91.9	82.0	95.7
中海物业	物业管理服务	18.8	21.1	21.3	18.0
	增值服务	44.0	52.2	53.9	42.4
绿城服务	物业管理服务	10.2	10.9	11.2	11.4
	物业咨询服务	33.9	35.5	36.1	38.0
	园区增值服务	47.5	43.5	33.5	23.7
碧桂园服务	物业管理服务	27.3	30.3	29.4	31.9
	非业主增值服务	42.6	45.9	43.3	48.1
	社区增值服务	55.1	55.8	57.7	66.1
	其他服务	74.1	86.0	84.4	36.6
雅生活服务	物业管理服务	15.1	24.9	26.9	27.4
	非业主增值服务	15.7	24.8	49.3	47.7
	业主增值服务	26.8	28.1	41.7	50.9
永升生活服务	物业管理服务	9.8	14.7	18.0	20.7
	非业主增值服务	17.7	23.2	20.3	21.6
	社区增值服务	63.3	59.0	62.4	63.4
新城悦	物业管理服务	21.4	24.2	25.3	27.8
	开发商相关服务	25.4	26.7	22.0	25.5
	社区增值服务	89.4	87.5	85.0	81.7
	专业服务	22.0	33.1	29.2	28.2

资料来源：Wind

五、2019年中国上市物业服务企业价值创新排名

（一）中国最具综合竞争力上市物业服务企业十强

"中国最具综合竞争力上市物业服务企业"基于"中国物业服务价值创新指标体系"提出的五大维度进行评估，综合考虑上市公司经营绩效、市场价值、商业创新、技术创新和服务创新等指标年度表现，评选出前十名的上市公司如表2.13所示。

表2.13　2019年中国最具综合竞争力上市物业服务企业十强

排名	公司名称	总分数
1	绿城服务集团有限公司	81.10
2	彩生活服务集团有限公司	80.70
3	碧桂园服务控股有限公司	79.95
4	雅居乐雅生活服务股份有限公司	79.23
5	南都物业服务集团股份有限公司	70.48
6	新城悦控股有限公司	70.33
7	万科企业股份有限公司（万科物业发展股份有限公司）	62.23
8	金科地产集团股份有限公司（金科物业服务集团有限公司）	61.05
9	佳兆业物业集团有限公司	60.73
10	龙湖集团控股有限公司（龙湖物业服务集团）	60.68

（二）中国最佳经营绩效上市物业服务企业十强

"中国最佳经营绩效上市物业服务企业"根据上市公司的年度经营绩效表现进行评估，评估内容包括上市公司的收入规模、管理面积大小、毛利率水平、年度业务规模增速、单位面积所需员工数量等，评选出前十名的上市公司如表2.14所示。

表2.14　2019年中国最佳经营绩效上市物业服务企业十强

排名	公司名称	总分数
1	雅居乐雅生活服务股份有限公司	93.14
2	彩生活服务集团有限公司	89.14
3	龙湖集团控股有限公司（龙湖物业服务集团）	87.14
4	宝龙地产控股有限公司（物业部分）	86.86
5	碧桂园服务控股有限公司	86.29
5	新城悦控股有限公司	86.29
7	万科企业股份有限公司（万科物业发展股份有限公司）	83.43
8	金科地产集团股份有限公司（金科物业服务集团有限公司）	82.86
8	绿城服务集团有限公司	82.86
8	中海物业集团有限公司	82.86

（三）中国最具市场价值上市物业服务企业十强

"中国最具市场价值上市物业服务企业"根据上市公司年度资本市场回报及表现的情况进行评估，包括总市值情况、市值增长情况、分红情况和估值溢价率，评选出前十名的上市公司如表2.15所示。

表2.15　2019年中国最具市场价值上市物业服务企业十强

排名	公司名称	总分数
1	金科地产集团股份有限公司（金科物业服务集团有限公司）	90.0
2	泛海控股股份有限公司（泛海物业管理有限公司）	87.5
3	绿城服务集团有限公司	85.0
4	金地（集团）股份有限公司（金地物业管理集团公司）	82.5
4	龙湖集团控股有限公司（龙湖物业服务集团）	82.5
4	上海世茂股份有限公司（世茂物业）	82.5
4	万科企业股份有限公司（万科物业发展股份有限公司）	82.5
8	金融街控股股份有限公司	80.0
9	碧桂园服务控股有限公司	75.0
10	深圳市天健（集团）股份有限公司	72.5

(四) 中国最具商业创新上市物业服务企业十强

"中国最具商业创新上市物业服务企业"根据上市公司商业模式创新结果和效应进行评估,包括公司业务增长模式、公司无形资产价值、公司单位投入利润和公司单位员工产值,商业模式创新程度越高的公司,以上指标通常表现越好,评选出前十名的上市公司如表2.16所示。

表2.16 2019年中国最具商业创新上市物业服务企业十强

排名	公司名称	总分数
1	彩生活服务集团有限公司	77.5
2	雅居乐雅生活服务股份有限公司	75.0
3	绿城服务集团有限公司	70.0
3	碧桂园服务控股有限公司	70.0
5	南都物业服务集团股份有限公司	67.5
6	奥园健康生活集团有限公司	62.5
7	中奥到家集团有限公司	57.5
7	新城悦控股有限公司	57.5
9	南国置业股份有限公司（物业部分）	52.5
10	佳兆业物业集团有限公司	50.0

（五）中国最具技术创新上市物业服务企业十强

"中国最具技术创新上市物业服务企业"根据上市公司在新技术与物业管理业务相互融合的情况进行评估，包括公司的技术发展战略、技术应用水平和公司移动端客户活跃程度，评选出前十名的上市公司如表2.17所示。

表2.17 2019年中国最具技术创新上市物业服务企业十强

排名	公司名称	总分数
1	碧桂园服务控股有限公司	90.0
2	绿城服务集团有限公司	86.0
2	中海物业集团有限公司	86.0
4	彩生活服务集团有限公司	80.0
4	雅居乐雅生活服务股份有限公司	80.0
4	中航善达股份有限公司（中航物业）	80.0
7	金科地产集团股份有限公司（金科物业服务集团有限公司）	78.0
7	南都物业服务集团股份有限公司	78.0
9	乐生活智慧社区服务集团股份有限公司	74.0
9	万科企业股份有限公司（万科物业发展股份有限公司）	74.0

（六）中国最具服务创新上市物业服务企业十强

"中国最具服务创新上市物业服务企业"根据上市公司在物业增值服务方面发展程度进行评估，包括物业增值服务发展战略、物业增值服务占总收入比重、有效的物业增值服务数量、物业服务影响力与百强物业排名情况，评选出前十名的上市公司如表2.18所示。

表2.18　2019年中国最具服务创新上市物业服务企业十强

排名	公司名称	总分数
1	绿城服务集团有限公司	97.5
2	彩生活服务集团有限公司	92.5
3	万科企业股份有限公司（万科物业发展股份有限公司）	87.5
4	金地（集团）股份有限公司（金地物业管理集团公司）	85
4	龙湖集团控股有限公司（龙湖物业服务集团）	85
4	碧桂园服务控股有限公司	85
7	永升生活服务集团有限公司	80
7	新城悦控股有限公司	80
9	金科地产集团股份有限公司（金科物业服务集团有限公司）	77.5
10	南都物业服务集团股份有限公司	75

案例篇

一、
复珺科技：让城市生活更智慧

目前，我国智慧城市建设仍然以科技型智慧城市和管理型智慧城市为主，注重新一代信息技术的开发运用及其在政府政务管理方面的应用。早在2016年4月，习近平总书记在全国网信工作会议上就提出了新型智慧城市的概念，提出建设从"人"出发，实现便捷服务、精准治理、环保环境、城乡一体、网络安全的智慧城市，这与人文型智慧城市的概念是一致的。

上海复珺信息科技有限公司是智慧城市整体解决方案提供商，作为智慧城市运营商，以"云+数"为基础，通过市场化运营机制创新，聚合价值生态，赋智整合城市资源，面向公众、企业、政府，提供综合化、集约化、智能化的服务，促进智慧城市可持续发展。复珺参与承办2019年"上海论坛长三角一体化更高质量发展高端圆桌"会议，充分发挥其作为智慧城市整体方案提供商的综合优势，为长三角一体化高质量发展提供城市发展规划、城市更新等智慧城市整体解决方案。参与复旦大学城市发展研究院、复旦大学中国城镇化研究中心的现代物业服务价值创新指数研究，通过经营绩效、市场价值、商业创新、技术创新和服务创新五大维度，评估物业服务企业价值。通过该评估体系，可以兼顾企业规模与增长质量，并以客观数据为基础，注重企业创新的意义。

复珺致力于打造一个综合性的智慧城市新运营商，是城市资源赋智整合者、运营服务生态建立者和市场化运营主导者。

复珺的智慧城市运营服务生态由三方面组成。智力生态，由咨询、规划团队组成，为城市客户、生态伙伴提供咨询、规划、商业策划等智力支持；供给生态，提供运营能力保障，聚合下游增值服务供应商，实现供应链一体化管理；服务生态，运营价值创造，通过运营服务平台及移动端APP，面向公众、企业、政府提供运营业务支撑。这套系统包括智慧校园、智慧物业、智慧办公、智慧园区、智慧商业、智慧安防、智慧景区、智慧城市、智慧电力、智慧灯光、智慧餐饮、智慧医疗、智慧楼宇、智慧零售、智慧网络、GIS车辆管理、智慧停车场等，其中智能环卫有社区生活垃圾分类智能环卫箱、社区生活分类垃圾房、城市智能环卫箱、智能环卫APP等产品。

目前，复珺聚焦的几个行业领域，都已经有明确的多个智慧城市项目在北京、上海等城市落地，包括城市应急管理、城市资源社会化云运营、远程医疗、智慧旅游、智慧园区等领域。

（一）AI指挥中心：3D可视化云平台实现大数据管理

3D数据可视化云平台以"智能化、感知化、可视化"作为主要特点，通过搭建基础网络层、设备适配层、数据接口处理层和可视化应用中心层，实现基础设施和设备的智慧化体系建设，通过对底层设备的智能化感知，以可视化的呈现方式对管理者进行展示，实现高度便捷的管理操作逻辑。3D指挥中心通过对产业园区、商业综合体、AI物业、AI办公、AI环卫架设智慧综合管理平台，实现对人、车、物、钱、环境、能源的管理和预警推送，通过打通底层数据，把送排风设备、照明设备、给排水设备、电梯设备等进行统一智慧管理，建立一体化的智慧园区系统、智慧环卫系统、能源管理系统、数据管理系统、应急指挥系统等综合管理体系。

图3.1　3D数据可视化智慧园区管理系统

图3.2　3D指挥中心平台

（二）AI物业：传统物业赋能专家

复琨科技智慧物业最大的优势在于将繁杂的人员、车辆、楼宇、事件、应急指挥、设备设施、智慧运营等管理问题统一在一个APP上实现，解决传统管理上存在的不同功能、不同平台的问题，同时又将责任清晰到人，实现管理上的移动化、便捷化、可视化。

图3.3 视频智能分析技术系统

1. 数字信息智慧化管理

可视化管理，实时动态监测。智慧物业集中管理平台集成了GIS地图系统，实现地图人、车、物的直观数据展示和实时动态监测，通过子账号权限分配，可在多个终端实时查看，方便监管人员进行项目整体监控管理。利用大屏幕电视墙，实现多维数据的集中展示和实时状况分析，还可定期生成数据报表，满足业主、员工、物业、集团多层面运营管理的服务需求。

2. 高智能人员管理平台

闸机门禁可"刷脸"秒过。AI人脸识别闸机可对通过的人员信息追根溯源，使用多种方式采集人脸信息，能快速完成验证。同时，这类闸机还向下兼容传统刷卡功能，避免了跟随情况及高峰拥堵。人脸识别技术同样运用在门禁系统中，精确的识别技术，即便在黑暗中也可进行识别操作。系统对于录入的人员信息进行归类和记录，便于建立访客系统和考勤系统。此外，人脸识别技术还对接云端大数据，可快速检索和显示黑名单人员并及时报警，有效杜绝了黑名单上的成员接近社区或楼宇。

高智能人员管理平台的另一个特色是具备无线网络探针数据运用，可实时对室内外环境进行一体化定位，当检测到某个区域人员过于密集时，系统将及时报警，便于物业人员进行密集人群疏导，防止踩踏事件的发生。对于进入区域活动的人群进行大数据采集和分析，则便于下一步制定个性化服务和推广方案。

图3.4　APP人脸识别通行门禁系统

图3.5　无人值守人脸识别闸机

3. 车辆信息采集管理平台

一秒识别，出入无忧。高智能社区的车辆数据信息采集分析平台将对接现有各项目停车系统数据，可实现总部实时查看各项目停车场数据，如车位状态、总停车费、总承载车辆数等，并对各项数据进行汇总分析。对于车主来说，开车出入车库，牌照识别时间不超过1秒，并具有图像对比、预留临时收费的功能。

4. 算力利旧打破信息孤岛

基于先进科技手段，总部控制形成数据中心，通过专用视频采集设备，将数字摄像头、模拟摄像头及不同品牌的摄像头进行统一的管理和展示。该系统还支持异地视频接入，在统一平台上随时查看异地项目的实时网络监控。复珺采用独特技术，将权限进行划分，系统支持根据权限划分摄像头，不同职责人员根据权限查看不同的摄像头，在降低投入改造成本的同时发挥运营的最大效力。

在视频融合的基础上，该系统基于姿态识别进行行为算法分析，当检测到打架、徘徊、跟随、摔倒、物品遗落等异常行为时，将在事中启动预警系统，并推送相关权限负责人，启动事件处置流程。系统将信息手段与现代物业管理工作相结合，丰富和增加物业管理的服务手段，提升服务管理品质。

图3.6 车辆信息采集管理平台

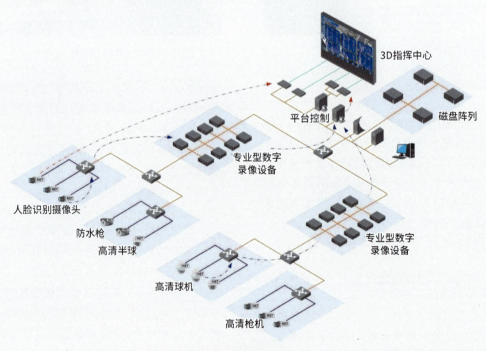

图3.7 视频融合系统平台

（三）AI办公：传统办公全新变革

物联智能将科技、高效、节能的智能化管理理念融入智慧办公环境中，利用物联网技术实现办公设备（人脸识别门禁系统、窗帘、灯光、空调、会议投影、茶水机等）智能化。当办公区无人时，自动切断电水壶、饮水机、打印机等用电设备；实时监测插座的消耗电流，提前发现老化、故障设备，杜绝安全隐患，实现24小时监控用电状态，并可以根据不同的办公区域、用电设备、用电时段等多维度分析用电情况，自动生成统计报表，为企业提供针对性的节能策略。

1. 场景式精细化管理，一键开启全新办公体验

一键开启会议模式，灯光、音响自动开启，窗帘、幕布、投影仪缓缓落下，空调调至舒适温度，节省会议前准备时间。将整个办公区域分成上班模式、午休模式、下班模式，实现智能联动。上班模式，将灯光、空调、饮水机、打印机等设备自动开启，给员工营造最佳的办公环境，让员工更加专注于工作本身而不受额外的干扰；午休模式，按照设定的时间表自动关闭窗帘和灯光，空调调至适宜温度，给员工创造一个温馨、安静的睡眠环境；智能联动，根据光照、温湿度等多项监测指标，实现办公环境自动"调和"，达到标准的恒温、恒湿状态。

2. 灵活的区域管理，让每个区域更有人性化

整个办公区域可进行时间段策略控制，上班时间开灯，下班时间关闭。配合光照感应器联动控制，自然光照好的时候调低亮度，反之

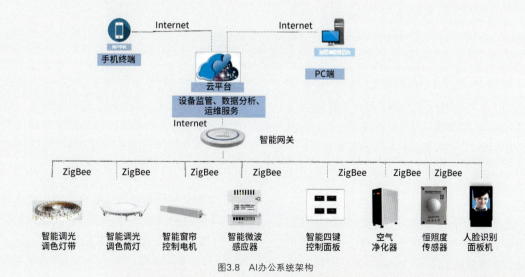

图3.8 AI办公系统架构

则调高亮度。根据光线强弱、人体感应、空调智能自控等节能策略，在提倡人性化和舒适度的前提下，使整体能耗降低30%。针对企业公共会客区域，分成迎宾模式和展示模式，将亮度色温平滑调节，使整个大厅空间照度均匀且环境敞亮，整个区域体现温馨舒适。APP一键操作智能联动，实现线上线下一体化智慧共享空间。

图3.9　APP一键能耗管控系统

（四）AI环卫：智慧物联助力垃圾分类

复琨将人工智能应用到垃圾分类领域。2019年7月23日，李克强总理一行考察张江人工智能岛，就高度关注了复琨建设的智能物联环卫箱，并对垃圾分类新时尚作出重要指示。

1. 5G传输：精细化智能管理

作为第一批AI场景应用企业，复琨将环卫管理以大数据人工智能分析为核心，物联网为基础，将电脑控制芯片、智能人体感应探测装置、物联网、5G等多种技术结合，提出从垃圾分类宣传、投递、收集、清运到处理的一条龙解决方案，建立一套综合性的城市垃圾分类管理系统及智慧环卫平台，科学指导巡检和维护保洁工作，实现精细化智能管理。

复琨科技根据社区垃圾分类和市政垃圾分类的不同需求，设计并制造了社区垃圾分类环卫箱、公共场所环卫箱，结合智能换气、语音播报、智能扫码、满溢报警、自动灭火、太阳能发电等功

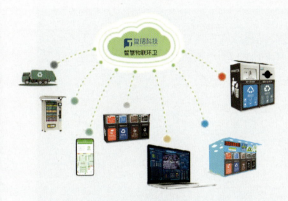

图3.10 智慧物联环卫架构

图3.11 智慧物联环卫箱

能,通过5G、物联网将环卫箱与城市垃圾分类管理系统、智慧环卫平台、APP等24小时链接,工作人员可通过后台对垃圾箱进行实时监测。

2. 用数字评估推动垃圾分类管理实效

居民可通过注册微信小程序账号,绑定个人信息,领取相应的二维码。后台可以查看领取记录,实现对个人垃圾分类的监督。垃圾箱设备通过二维码或AI等方式识别垃圾袋,自动开启相应的桶盖,从源头上解决分类问题。管理人员通过PC端设备系统查看分类设备各种投递、保洁等实时数据,环卫人员则可通过智能环卫APP,接收环卫箱信息,一旦有垃圾桶发出满桶警告,APP进行弹窗提示,通过北斗导航技术显示规划路线,可及时进行处理。

复珺垃圾分类管理系统通过设计清运记录模块,针对性地统计垃圾清运过程中的各种数据,管理人员可以清晰追踪分类垃圾的去向,做到对清运无死角管理。智慧环卫物联平台则将后台统计的各种数据进行可视化分析,包括积分数据分析、垃圾投递种类分析、分类正确率、垃圾袋领取分析等。

以张江科技园区的人工智能岛为例。复珺与园区物业、环卫公司合作,对公共场所环卫箱的投放进行协调部署,以不破坏物业基础设施为原则,用智能垃圾箱替换掉老式垃圾箱,推进张江人工智能岛的垃圾分类项目科学有效的实施。物业公司通过手中的APP,掌握园区内的智能垃圾箱动态,监测垃圾分类投放、智能压缩、满箱等数据,可以灵活安排环卫工人做好垃圾的清扫和管理,使分类工作顺利进展。同时,智慧环卫物联平台将接收到的环卫箱数据进行分析、可视化处理,让管理人员可以及时发现问题,迅速作出相应调整,十分方便。

例如,图3.15的智慧环卫物联平台显示了编号为zhangjiang1的智能环卫箱的实时垃圾投放情况。上午6:00—10:30,环卫箱开门42次,即有42次的垃圾投递,智能压缩系统根据环卫箱的空间状况,自动对垃圾进行了5次压缩,释放更多空间。垃圾满溢系统没有发出预警,说明该垃圾箱尚未满溢,暂时不需要安排环卫人员进行清理。

目前,除了张江人工智能岛,天安门广场、清华大学、浙江省政府、北京航空航天大学等多地都使用了复珺生产的公共场所环卫箱。

图3.12　智慧物联环卫平台

图3.13　垃圾分类清运记录流程

图3.14 智慧环卫物联实时监控平台

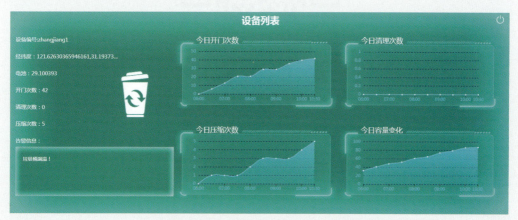

图3.15 张江人口智能岛智能环卫箱实时管理平台

（五）复珺科技愿景

一个现代化的"智慧城市"不再只是人的管理，而是借助物联网和大数据，让城市中的居民生活变得更加"智能"。如何打造"智慧城市"？现如今，城市的智能程度关联着人们生活的方方面面。由复珺倾力打造建立的"1+X"智慧城市管理平台，即1个数据可视化云平台，AI物业、AI办公、AI环卫、AI园区等，从人员、环境、能源、交通、配套等多个方面，以最前沿的技术结合科学的管理思路，提供一站式"智能"服务，旨在解决城市化管理中的种种难题，推动引领美好生活。

上海复珺信息科技有限公司作为新时代物业服务行业的领军者，将以成为美好生活的引领者为目标，依托复旦大学的强大科研优势，以百家上市物业服务企业为样本，用指数评估价值，用诊断发现价值，用合作创造价值，努力帮助物业服务企业与增值服务企业发生"化学反应"，打通智能和物业的双向链接。

二、
美力新：智能国际的建装引领者

（一）公司简介和发展历程

上海美力新建筑装饰股份有限公司成立于1997年6月19日，公司注册资本为1 100万元，注册地在黄浦区，办公地点位于具有"万国建筑博览群"之称的外滩边的一栋保护建筑内。

美力新获得上海市建设主管部门颁发的建筑装修装饰工程专业承包一级、建筑工程施工总承包三级、建筑幕墙工程专业承包二级、钢结构工程专业承包三级、机电设备安装专业承包三级资质；是上海市室内装饰行业协会理事单位和上海市黄浦区建筑业联合会会长单位；先后被评为"上海市室内装饰、设计放心企业""诚信企业""信用资质等级评定3A企业""上海市五星级新锐装饰企业"。

公司在不同时期有着不同的目标。公司起步于境外品牌公司投资的装修项目，并于2014年9月股改，2015年4月23日美力新成功登陆新三板市场，证券代码"832351"。

（二）国际标准与创新基因

国际、创新、资本是美力新发展过程中的"关键词"，是美力新秉承的发展基因。

从2009年开始，通过不断的努力，美力新成为多家境外国际品牌公司在中国大陆投资的重要伙伴。这些客户主要有英国马莎商业有限公司、瑞士海恩斯莫里斯商业有限公司、美国华特迪士尼（上海）有限公司、英国凯伦米莲商贸有限公司、"维秘"、施华洛世奇贸易有限公司、美国达柯思贸易有限公司、法国米其林（中国）投资有限公司、美国卡乐星（上海）餐饮管理有限公司、欧洲基金投资的金钱豹（中国）餐饮管理有限公司、意大利鼎赛龙（上海）商业有限公司、意大利上海翱鹭贸易有限公司、韩国三星旗下八秒（上海）商贸有限公司等，这些外商均是美力新的长期战略合作伙伴和优质客户。

近年来，美力新对境内外项目均有所涉及，如阿里巴巴的淘宝心选首家门店、东宝实业集团有限公司投资的建国宾馆、张江人工智能岛，亦有政府实事工程垃圾分类的热点项目在施工中。

经过多年的发展，美力新充分了解境外公司的装修内控标准和工艺要求及施工流程，逐

图3.16 美力新首家淘宝心选门店

图3.17 美力新建国宾馆项目

步提高了公司的施工工艺和服务意识，拥有自己优秀的施工团队，获得了许多客户的认可和赞誉。

2019年，美力新再次跨越，将各项智能创新技术应用到城市改造、民生保障中。公司目前正致力于对上海历史保护建筑的研究，对修复历史建筑有着迫切的意愿。因此，美力新特设立了子公司"上海东亚美力新建筑模型设计有限公司"，运用BIM（建筑信息模型）技术专项研究历史保护建筑的保护及修复。此外，公司还参与了张江人工智能岛等标志性智能项目，创新已经成为美力新发展的又一重要动力。

图3.18 美力新BIM系统

图3.19 张江人工智能岛

（三）公司管理与党建模范

美力新接触的客户多是拥有高学历、高技术、高能力的专业人才。公司在管理上不断下功夫，实施内部挖潜和外部引进相结合，从初始的10多个管理人员增加到现在的近50个管理人员，其中中高级职称有15人，一级建造师6人，以及高学历的港澳、外籍员工，中高级人员在整个管理人员中占比40%左右。公司的这些员工均拥有良好的管理运作能力，为公司的发展建功立业。虽然已经有不少优质员工，但公司内部还是在不断地加强员工培训。包括基层劳务人员的培训，也在公司每年的培训计划中。公司每年均承担劳务人员的教育培训费用，以提高劳务人员的职业素质和技能水平，使其满足工作岗位的要求。因此，在美力新，员工能够得到机会均等的专业培训。

美力新建有党支部和工会。支部发挥引领作用，抓好党员队伍建设，树立一个党员一面旗的先锋形象。工会在党支部领导下，全力做好职工群众工作，坚持以人为本，从关心、保障入手，增强职工凝聚力。虽然人员的变动在建筑装饰行业属于正常现象，但美力新的员工队伍相对比较稳定，员工对公司具有强烈的归属感。

（四）公司发展愿景

美力新把"创新驱动，转型发展"的思路变成实实在在的行动举措，不断吸收国内外先进技术和发展经验，规范公司管理，完善公司的股权结构，引进高端人才，扎实有效地推动公司向更好的方向发展。

三、
云梯：电梯场景价值的发掘者

上海是中国电梯保有量最多的城市。在这里，电梯已经成为出行必备的交通工具，每天，许多人离家的第一步就从这方寸之间开始。自上海再灵的云梯智慧电梯管理系统登陆上海以来，科技的力量已经悄然为申城电梯搭建了一套值得信赖的安全网。而云梯也已经成为申城电梯安全的守护者。

（一）公司简介与发展历程

上海再灵信息科技有限公司是一家物联网综合解决方案服务提供商，致力于使用大数据、物联网、人工智能、机器视觉解决传统电梯管理中的痛点、难点的技术创新型企业。其核心产品智慧电梯管理服务平台——云梯，就是从电梯管理痛点出发，颠覆传统电梯安全监测设备理念，从乘梯人、电梯两个方面着手，连接监管单位、物业单位、维保单位、乘梯人四方主体，共同构建电梯安全新生态，有效提升电梯安全，让物业管理电梯更便捷，让乘客乘梯出行更美好。

凭借着行业领先的技术水平和卓越的创新能力，公司近年发展迅速。2017年12月，云梯系统成功入驻上海浦东第一八佰伴；2018年4月，云梯系统成功入驻上海第十人民医院。2018年7月，上海再灵作为科技创新型企业入驻复旦科技园；2018年11月，成为虹口区的主要物联网设备供应商，在虹口区全面推广；2018年12月，成为嘉定区市级电梯安全智慧化监管试点的主要供应商。此外，公司高度重视科技研发，于2018年12月与复旦大学成立电梯大数据联合实验室。

截至2019年8月，云梯系统在上海已经签约超万台，覆盖上海14个行政区，项目涵盖小区、医院、商场、写字楼、政府机关，先后与百联集团、上海上实、景瑞、金地、保利、永升等多家大型企业和物业公司深度合作，每天保障着数千万申城人的乘梯安全。

（二）行业痛点与产品创新

随着城市化进程快速发展，电梯数量增多，因电梯老龄化、维保不到位、乘梯不文明、使用管理不当等原因，导致电梯困人、伤人甚至亡人事故时有发生。如何实时监测电梯运行数据、智慧管理电梯、提高应急救援能力等日益成为百姓需求、领导关心、社会关注、舆论聚焦的热点问题。

随着科技的不断进步、物联网概念的兴起，通过电梯远程监测系统来完成电梯的监管已经成为一个必然的趋势。然而，传统电梯远程监测系统，只是物与物的简单连接，只能监测电梯本身的数据，而无法关注到乘梯人，数据涵盖面单一，告警准确率较低，并不能对电梯实际管理起到有效的提升作用。

上海再灵的云梯智慧电梯管理平台，在24小时的数字化监管的基础之上，配备大数据分析及人工智能决策，实现智慧救援、乘梯人不文明不安全行为监督、维保单位维保质量监管、电梯大数据风险预警、智能统计报告五大功能，重新定义了电梯远程监测系统。同时，独创的媒体置换商业模式，也为系统大规模市场化提供了有力保障。

（三）成功故事与代表案例

上海第一八佰伴有限公司是中国第一家中外合资大型商业零售企业，周末、节假日等人流高峰期客流量极大，电梯常常处在高频、高负荷运转状态，易发生电梯事故。在采购了云梯系统之后，八佰伴通过对60台扶梯、17台直梯实施了物联网智慧化监控管理，有效保障了乘梯人的乘梯安全，打造了上海首个智慧电梯商场，起到了良好的示范作用。

上海申康医院发展中心是市级公立医疗机构国有资产投资、管理、运营的责任主体和政府办医的责任主体。医院人流量大且病患较多，电梯故障会耽误患者的就诊时间。申康高度关注医院电梯安全，希望通过使用数字化手段提升医院的电梯管理水平。引进云梯系统之后，先后已经有上海第十人民医院、胸科医院、儿童医院、肺科医院等十多家三甲医院实现了数字化电梯监管，在救援时间、事故发生率和维保质量等方面均有显著改善。

中国新闻社是中国内地仅有的两家通讯社之一，是专门向港澳台和海外华文报刊、华语电台、电视台发稿的国家通讯社。在深入了解到云梯系统梯内智能屏的优势之后，与公司签署了战略合作协议。当前，中国新闻社在上海市10 000台云梯屏幕上播放海内外新闻和党建宣传视频，在达到良好宣传效果的同时，丰富了乘客的乘梯时间，得到了业主和物业的认可。

（四）发展愿景与业务规划

　　未来，上海再灵将不断加大"智慧电梯"系统研发力度，引领中国"智慧电梯"产业发展。3年内完成上海市10万台云梯系统的上线，围绕"互联网+"的思维与物联网技术的深度应用，深度挖掘电梯物联网市场，成为全球电梯物联网领军企业。

四、亿投传媒：高品质生活推荐专家

（一）公司简介

亿投传媒是一家新锐传媒公司，2014年进入全国中高端社区广告行业，与300多家全国大型物业管理公司达成了稳定友好合作关系，目前已经覆盖全国各大广告受众主流城市（其中包括北京、上海、广州、深圳、南京、杭州、成都、重庆、武汉等），在全国拥有超过6万个媒体点位，覆盖超过360万户家庭，触达超过1 200万社区居民，日均媒体观看次数超过5 000万次。

（二）发展历程

2013年，南江广告业务由亿投传媒承接。2014年，公司推出亿投社区公告栏媒体，覆盖上海80%的中高端住宅楼宇。2015年，亿投传媒北京分公司成立。2016年，亿投传媒广州、深圳分公司成立，实现一线城市北上广深立体布局。新一线城市南京、杭州办事处组建。2017年，亿投中高端楼宇资源在全国扩张，现已拥有超过50个城市的网络资源。2018年，重庆、成都、武汉分公司成立。2019年，亿投传媒将继续深耕资源，深挖客户需求，打造值得各大品牌信赖的优质媒体平台。

（三）亿投价值：碎片化时代的精准营销

铺天盖地的户外广告、大街上泛滥的宣传单、网络上时不时弹出的广告窗口，都试图在这个信息碎片化时代抢占消费者的注意力，然而事与愿违，消费者早已对此失去耐心，甚至产生抵触心理。

亿投传媒精选中高端社区高附加值点位，联合优质品牌走入千家万户，为用户打造高品质的广告体验，为品牌创造高价值、精准的线下触媒场景。亿投传媒目前主要产品是社区公告栏媒体，置放于小区电梯等候厅，由亿投传媒完成公告栏的铺设，左边区域给到物业张贴公告，右边区域则用作商业广告投放。

图3.20 亿投公告栏示意图

社区公告栏媒体左侧模块用于发布物业通知提醒、服务信息等，可以吸引住户主动关注这些与自身利益密切相关的重要信息，因此聚集了高频的关注度，同时右侧的商业广告则无法回避地进入视野，最终实现有效的广告到达。

不同于以往的生活服务，**亿投传媒专注于中高端社区，覆盖经济实力强、消费活跃度高的人群**。亿投传媒助品牌以更低的成本选择到更精准的投放区域，实现更理想的传播效果。相比其他住宅媒体单一的广告信息传播渠道，

亿投公告栏设计多个模块，每个模块的信息固定，帮助居民形成观看习惯，广告位的到达率达96%以上。亿投公告栏采取海报与社区物业信息相结合的方式，引导居民主动观看，每天媒体接触频次达4.3次，观看平均时长达116秒，给了广告画面充足的展示时间。亿投传媒另辟蹊径，打造差异化营销场景。在人流高峰期，梯内媒体放置在狭小的电梯空间内，不利于广告画面的展示，而亿投公告栏媒体位于电梯等候厅，空间大，便于居民细致地观看到画面的每条信息。

亿投传媒分布于一二线城市中高端社区的点位资源，聚焦于都市主流消费人群，深入离家庭消费决策场景最近的生活轨迹，覆盖中高端社区居民超过1 000万人，约占具有消费能力总人口的35%。基于亿投传媒当前社区媒体数量和第三方平台监测每日路过居民观看人次数据，2018年亿投传媒广告的观看量达到了146亿人次。

亿投传媒凭借精准的受众定位和极佳的传播效果，越来越获得品牌的青睐。目前，已有超过一百家知名广告品牌成为亿投传媒的友好合作伙伴，包括苏宁小店、好慷在家、红星美凯龙、居然之家、智联招聘、优信、瓜子、每日优鲜、驴妈妈、携程、哒哒英语、轻轻家教、VIPKID、51talk、精锐教育、英孚教育等来自互联网O2O、教育培训、金融投资等领域的大型互联网新兴企业。

（四）亿投愿景：高品质生活方式推荐专家

社区公告栏媒体帮助物业更好地进行管理，方便居民实时了解物业通知提醒，增加了业主与物业的黏合度，也使得小区环境得以有效改善，住户的生活品质得以显著提升。社区集市活动增添了社区文化的多样性，丰富了居民生活。

亿投传媒与千家物业联合，关爱社会上需要帮助的群体，尽到企业应有的社会责任。同时，亿投传媒还与嫣然天使基金合作，免费提供广告位，助力社会正能量传播。

亿投传媒以"始终相伴，传播高品质生活方式"为品牌理念帮助更多中高端品牌传递品牌价值，展示品牌形象；以"高品质生活方式推荐专家"的身份为居民带来更多精选优质产品；以"物业管理小助手"的身份辅助物业提高管理效率，美化社区环境。

2019年，亿投传媒将持续拓展新的点位资源，不断更新迭代研发新产品，驱动自身往社区垂直营销服务商升级，帮助物业有序高效地管理社区事宜，帮助更多优质品牌提升影响力和美誉度，为居民打造整洁优美的社区环境，提高生活品质和幸福感。

图3.21 亿投公告栏公共场所展示示意图

五、深兰科技及其在智慧物业方面的应用

(一) 公司简介

深兰科技(上海)有限公司(DeepBlue Technology (Shanghai) Co., Ltd)是快速成长的人工智能第一梯队头部企业,作为平台型世界级AI Maker,自2014年由归国博士团队创建以来,一直以"人工智能 服务民生"为理念,致力于人工智能基础研究和应用开发,依托自主知识产权的坚实技术,主导人工智能全产业链智能软件输出及自主硬件设计和制造。利用自主知识产权的深度学习架构、机器视觉、生物智能识别等人工智能算法及无媒介手脉支付等核心技术,在自动驾驶及整车制造、智能机器人、智慧城市、生物智能、零售升级、智能语音、安防、芯片、军工等领域都有深入布局,其中在包括自动驾驶在内的多个领域居行业领导地位。

在中共中央政治局委员、国务院副总理刘鹤和中共中央政治局委员、上海市委书记李强亲自指导支持下的深兰科学院已经成为中国重要的人工智能科研机构,被《人民日报》评价为"全国人工智能重点企业"。作为中科院以外重要的人工智能科研高地,深兰科学院下辖人工智能研究院、生命及AI脑科学研究院、智能汽车技术研究院、科学计算研究院、智能自动化研究院。人工智能研究院分别设立了计算机视觉、深度学习、语义智能和数据科学四个部门;生命及AI脑科学院设立了脑机科学、AI基因测序两个学科;智能汽车研究院设立了环境认知与决策、智能控制、整车等科研部门;科学计算研究院下设神经网络芯片(江苏神经网络芯片研究院)和深圳FPGA实验室;智能自动化研究院包括人机交互、智能机器人等主要部门。

(二) 强大的研发能力

深兰科技拥有超过百位全职博士和博士后学术带头人,包括来自美国麻省理工学院、哈佛大学、德国马普科学院的教授等国际权威专家;几百位名校硕士研发人员,包括来自清华大学、北京大学、美国加州大学伯克利分校、纽约大学、弗吉尼亚理工大学等在内的世界名校精英;拥有数十项原创算法和原创技术,曾多次获得世界大赛和国内大赛奖项。同时,因为深兰科技在相关行业的卓越学术地位,包括卢森堡国家实验室、新加坡A*Star国家科学院、清华大学、上海交大、中南大学、香港理工、上海大学等都和深兰科技成立了人工智能联合研究院或联合实验室。随着深兰科技在技术赋能产业的能力的

日益显现,联通和深兰科技成立了5G人工智能创新实验室,联想和深兰成立了边缘计算联合实验室。同时,深兰科技与美菱集团、戴德梁行、第一太平戴维斯等签署了战略合作协议,为战略伙伴提供技术支持。

深兰科技携深兰科学院和世界范围内的诸多大学、科研机构、著名企业,建立了人工智能、AIoT(智联网)、人机交互、AI芯片等相关领域的共同科研组织,共同构筑了全球性的人工智能研发体系的雏形。

截至2019年6月底,深兰科技已累计申请专利436项(其中发明专利280项,实用新型35项,外观121项),已获授权专利总数112项(其中发明授权46项,实用13项,外观53项)。预计2019年年底申请专利总量将达到600项,其中发明专利申请总量达400项。

(三)深兰人工智能技术在物业方面的应用

作为国内人工智能第一梯队的头部企业,深兰科技利用先进的机器视觉技术、手脉识别技术、步体态识别技术等为物业管理构建了一系列产品和解决方案,包括楼宇通行、智能安防、智能办公、智能清洁和智能零售等,实现了从物业管理部门到入驻企业再到员工的全域、全方位服务。

在楼宇通行方面,深兰科技提供了从大楼闸机、公司门禁到房间门锁的系列产品,提供从大楼进出、公司进出到房间进出的全场景"楼宇一手通"服务。手脉系列产品采用扫手的方式进行身份认证,注册用户可使用"刷手"通过生物闸机或门禁,自动保留日志,不仅使用便利,而且在安全性、隐私性上更有保障。同时,手脉系列产品还可以和现有闸机及门禁系统进行集成,更大程度上拓展了应用范围。

在智能办公方面,访客可随时通过"智能楼宇"小程序进行在线访问预约。在得到业主许可后,访客可以直接刷手进入楼宇/社区/园区和办公室,避免了登记等手续,不仅方便,而且更加安全;访客也可以直接刷手进入电梯,电梯自动送至相应楼层。智能会议室系统可以安排内外部人员参与会议,具有到时提醒功能,并与手脉门禁系统打通,避免无关人员闯入。同时,智能门禁也提供了考勤功能,可有效避免代打卡等弊端。

在智能安防方面,深兰科技的视频智能分析技术实现了对越界、偷盗、事故、火灾等异常行为和环境状况的识别,为楼宇/社区安防增加一双"智能"的眼睛。此外,深兰基于步体态识别的多模态安防监控系统更可以对进出办公楼的人员进行身份认证、轨迹追踪及异常行为监控。从医学角度来看,人们不同的腿骨长度、肌肉强度、重心高度以及运动神经灵敏度,决定了步态的唯一性和稳定性,短时间内很难被他人模仿。步体态识别对距离要求不高,即使距离较远,人走路的姿态也清晰可见,能够在暗光或者人脸被遮挡的情况下做到准确识别,大大提高了楼宇和园区安全度。此外,深兰科技针对大楼/园区/社区日常安防管理,开发了智能巡警机器人,利用SLAM(同步定位与建图)技术、视觉识别技术和红外感应技术,能够在园区内进行巡逻,自动识别异常事件进行报警和救助,从而减少保安人员的数量和夜间执勤的辛劳。

在智能楼宇清洁方面,深兰科技自主研发的智能洗地机器人搭载了激光SLAM、3D视觉、多超声波与红外融合等技术,能进行自我定位;内置的路径全覆盖算法,可以更精准地导航和避障,让洗地机覆盖到每个角落,实现光滑地面的清洗。同时,利用领先行业的计算机视觉技术和深度学习算法,对障碍物及污渍进行分类识别,保证清洁过程的全自动、高效率,助力物业管理提高效率、降低成本。

在智能零售方面,AI自贩柜通过计算机视觉、深度学习等算法和技术,进行商品识别和购买行为识别,可根据客户需求和用户偏好,灵活调整贩售柜空间和配置商品SKU(库存量单位),自行完成无人贩售,降低运营成本。同时基于生物识别技术,实现一次注册、扫手开门、拿了就走的开放式购物体验。

未来,深兰科技还将利用视觉和智能机器人技术,提供更为智能的物业服务,帮助物业管理减少、减轻人的工作,打造更加便捷和舒适的未来生活和工作方式。

参考资料

【1】万科物业等六大物管公司PK：分拆上市仅是开始，社区O2O外强中干？https://xueqiu.com/8301293543/62813128

【2】物业服务企业上市面临的两大挑战.https://www.sohu.com/a/218472427_288623

【3】万科物业分拆记：掘金还是流放？https://m.fang.com/news/bd/12188_16348841.html

【4】人民对美好生活的向往，就是我们的奋斗目标.http://epaper.chinatibetnews.com/xzrb/html/2015-01/03/content_591081.htm

【5】物业管理条例.https://baike.baidu.com/item/%E7%89%A9%E4%B8%9A%E7%AE%A1%E7%90%86%E6%9D%A1%E4%BE%8B/260193?fr=aladdin

【6】方正证券.物业服务行业深度对比报告：价值成长为纲，白银时代的物业服务板块

【7】中信证券.物业管理为什么是一个好行业？

【8】国泰君安.万亿市场逐渐明朗，龙头公司扬帆起航

【9】广发证券.行业景气度提升，龙头公司优势明显

【10】安信证券.探物业之蓝海，析成长之路径

【11】广发证券.彩之云社区服务全面解析

【12】招商证券.社区服务基础业务为始，O2O增值业务为终，开辟新天地

【13】安信证券.永升生活服务港股递交申请，或成首家新三板"转板"物业股

【14】国家发改委正编制长三角一体化发展规划纲要.https://baijiahao.baidu.com/s?id=1622134602879731173&wfr=spider&for=pc

【15】国际大都市服务业发展规律及启示.http://www.bjqx.org.cn/qxweb/n376722c1417.aspx

【16】中银国际.苏浙沪边界地区一体化发展分析：边界地区走向中心，长三角一体化国家战略的突破口

【17】浙商证券.长三角一体化战略发展新时期

【18】海通证券.长三角一体化加速，提振相关产业需求

【19】华创证券.朝阳行业，黄金时代

【20】国海证券.实力背景+高效团队，物管新龙头整装待发

【21】国泰君安.关联交易保证高增长，兼具外部拓展能力

【22】兴业证券.有取有舍，成就高增长

【23】安信国际.新城悦，受惠新城发展庞大土储，2019增长将保持强劲

【24】中信证券.新城悦，强能力，大平台，小公司，高弹性

【25】国盛证券.新城悦，高成长物业管理新星

【26】安信国际.新城悦控股，深耕长三角高速增长的物管公司

【27】城市更新4.0——产、城、人多元融合的可持续发展模式.网易财经.http://mp.163.com/v2/article/detail/CNI6U9UJ0518GBOV.html

【28】复旦大学城市发展研究院，复旦大学中国城镇化研究中心.中国上市物业服务企业价值创新研

究报告（2018）.复旦大学出版社，2018

【29】 新经济环境下的城市更新.国有资本运营杂志.http://www.sohu.com/a/310168918_481760

【30】 中国城市更新进入有机更新的新阶段，发展空间大.中国新闻网.https://baijiahao.baidu.com/s?id=1612122982224279036&wfr=spider&for=pc

【31】 住建部秦虹：我如何看城市更新.网易财经.http://bj.house.163.com/17/0920/11/CUP84GUD0007821K.html

【32】 物业管理增值服务模式仍在探索，未来值得期待.http://www.pmabc.com/10.html

【33】 中物研协：增值服务渐成营收增长之翼.乐居财经.https://baijiahao.baidu.com/s?id=1634401880197854496&wfr=spider&for=pc

【34】 智慧社区下的智慧物业.https://baijiahao.baidu.com/s?id=1628489701859619812&wfr=spider&for=pc

【35】 物业公司，将目光同时投向了增值服务.第一财经.https://baijiahao.baidu.com/s?id=1595465607365274769&wfr=spider&for=pc

【36】 王国平：城市有机更新的杭州理念和经验.http://www.ljzfin.com/info/49328.jspx

【37】 民生码头八万吨筒仓改造.上海/大舍建筑.https://www.gooood.cn/renovation-of-80000-ton-silos-on-minsheng-wharf-china-by-atelier-deshaus.htm

【38】 徐汇区着力打造衡复风貌区"徐汇品牌".东方网.http://city.eastday.com/gk/20181219/u1ai12089454.html

【39】 2018中国房地产上市公司100强揭晓.http://www.sohu.com/a/232892408_465490

【40】 2018中国社区服务商TOP100研究报告.http://www.sohu.com/a/246472911_179625

【41】 高和资本"Hi Work"PK优客工场 欲重新定义共享办公形态.证券日报.http://news.10jqka.com.cn/20160726/c591956270.shtml

【42】 "上生·新所"折射上海之变：不大拆大建 做有温度的更新.界面新闻.http://baijiahao.baidu.com/s?id=1603057097354276574&wfr=spider&for=pc

【43】 广百友谊重组整合正式实施，零售板块将引入战略投资者实现证券化.金羊网.http://money.ycwb.com/2019-03/15/content_30219286.htm

【44】 龙湾红连：勾勒创客集聚新版图.浙江新闻网.https://zj.zjol.com.cn/news/1205489.html

免责声明

本报告基于课题组认为可靠的、已公开的信息编制,但本课题组对该等信息的准确性及完整性不作任何保证。本报告所载的意见、评估及预测仅为本报告出具日的观点和判断,该等意见、评估及预测无需通知即可随时更改。本报告已将引用的其他公开研究成果以参考资料的方式列于文后,并将课题组认为必要的资料来源在文中显示。如有疏漏未能列入本研究报告的,请及时与本课题组联系,本课题组研究后,会以公告声明的方式进行说明,并在本课题组后续的研究成果中进行修改,本课题组保留对于本研究报告所有的最终解释权。

复旦大学
中国城镇化研究中心简介

中心简介

复旦大学中国城镇化研究中心是响应国家高端智库建设，打造的集中国新型城镇化研究平台、中国社区服务企业价值创新指数研发平台、中国智慧小区诊断与技术方案研发平台为一体的新型智库。利用中国社区服务的大数据应用和研发能力，以复旦大学城市发展研究院为平台，发挥各自的优势，在社区服务研究、智慧城市建设领域，打造服务于政府和社会的品牌。为双方在公共服务和社会管理领域积累更多的经验，更好地拓展影响力。

研究内容

1. 中国新型城镇化研究平台

中国新型城镇化研究平台是应对五大发展理念、国家新型城镇化战略和《国家新型城镇化规划（2014—2020）》，在复旦大学城市发展研究院和复旦大学中国新型城镇化研究中心发展框架下成立的研究型和实践型平台。工作重点是整合复旦大学的学科优势和复旦规划建筑设计研究院的实践资源，以解决农业农村农民问题、推动区域协调发展、扩大内需和促进产业升级三方面为重要抓手，努力探索出一条以人为本、四化同步、优化布局、生态文明、文化传承的中国特色新型城镇化道路。平台以上海建设全球城市和长三角建设世界城市群为契机，积极开展相关课题研究和项目实践，服务上海和长三角，并将相关经验向其他地区进行推广。2017年受浦东新区发展改革委委托，已经开展了"浦东临空产业区（航空城）开发建设与实施机制研究""完善张江科学城开发建设机制研究"和"新上海商业城整体功能提升路径研究"。

2. 中国物业服务企业价值创新指数研发平台

中国物业服务企业价值创新指数基于企业商业模式创新和价值创造的相互促进关系，通过定性分析与定量分析相结合的研究方法，构建经营绩效、市场价值、商业创新、技术创新和服务创新五大评估指标，形成了一个客观、科学、可持续的综合指数评估体系。本指数以A股、新三板及香港H股物业和社区服务上市公司为主要研究对象，反映了我国物业服务行业总体的价值创造能力和商业模式创新水平，对于跟踪研究产业发展、揭示产业运行规律、指导企业创新实践、推动我国物业服务产业转型升级具有重要参考意义和借鉴价值。

3. 中国智慧小区诊断与技术方案研发平台

智慧小区是构成智慧城市的基本单元，也是现代信息技术应用的汇聚点和现代服务的交汇点。智慧小区的建设和运营涉及的企业包括房地产开发商、物业企业、互联网企业和小区现代服务提供商等。本平台的研究内容包括：智慧小区诊断与评估咨询；智慧小区的建设方案和改造方案咨询；智慧物业诊断与评估咨询；智慧物业的总体信息化方案咨询；智慧物业的各子系统信息化方案咨询，包括社区传媒技术、智能安防、智能停车、电梯物联网、人员通信与位置服务等。中心完成出版了国内首本系统阐述智慧城市背景下智慧小区建设和运营的学术专著《智慧小区建设与运营》，从智慧小区的自然禀赋、物理层、支撑层、物业管理和现代服务五个侧面，对中国智慧小区的建设和运营进行了有益探索。中心参与的上海市政府重大决策咨询课题"本市社会治理创新中网格化管理跟踪研究"为政府创新社会治理、加强基层建设提供了决策参考，成为该领域具有权威性和影响力的研究平台。

发展目标和路径

中心将基于复旦大学城市发展研究院和复旦城市设计规划研究院的团队力量，开展城市规划建设与综合治理的前瞻性学术研究、政策咨询和行业评估，将"中国新型城镇化研究中心"打造成为中国新型城镇化产学研一体、资源化运用的第一品牌。

社会影响力

上海社会治理创新中网格化管理跟踪研究得到政府主要领导批示并转化为相关部门决策依据。《智慧小区建设与运营》成为社区规划设计、社区公共服务、住宅地产开发商、社区"互联网+"供应商，以及物业管理等工作的从业人员、高校相关专业的教材和参考用书。中国物业服务企业价值创新指数获得领域内广泛关注，对中国物业服务企业的评估应用有深远的影响和意义。

更多了解请联系我们！

联系人：贺小林

手机：18918989790

电话：021-65643051

图书在版编目(CIP)数据

中国上市物业服务企业价值创新研究报告.2019/复旦大学城市发展研究院,复旦大学中国城镇化研究中心编著.—上海:复旦大学出版社,2019.10
ISBN 978-7-309-14662-2

Ⅰ.①中… Ⅱ.①复…②复… Ⅲ.①上市公司-物业管理企业-企业管理-研究报告-中国-2019 Ⅳ.①F299.233.3

中国版本图书馆 CIP 数据核字(2019)第 221273 号

中国上市物业服务企业价值创新研究报告(2019)
复旦大学城市发展研究院　复旦大学中国城镇化研究中心　编著
责任编辑/陆俊杰

复旦大学出版社有限公司出版发行
上海市国权路 579 号　邮编:200433
网址:fupnet@fudanpress.com　http://www.fudanpress.com
门市零售:86-21-65642857　团体订购:86-21-65118853
外埠邮购:86-21-65109143
上海丽佳制版印刷有限公司

开本 787×1092　1/16　印张 6　字数 160 千
2019 年 10 月第 1 版第 1 次印刷

ISBN 978-7-309-14662-2/F·2628
定价:75.00 元

如有印装质量问题,请向复旦大学出版社有限公司发行部调换。
版权所有　侵权必究